# MÉMOIRES

POUR

# LES HOMMES DE COULEUR.

CINQUIÈME PARTIE.

ANNÉE 1828.

PARIS,
IMPRIMERIE DE E. DUVERGER,
RUE DE VERNEUIL, N° 4.

1829.

# MÉMOIRES

POUR LES

# HOMMES DE COULEUR.

# MÉMOIRES

POUR LES

# HOMMES DE COULEUR.

## CINQUIÈME PARTIE.

ANNÉE 1828.

PARIS,
IMPRIMERIE DE E. DUVERGER,
RUE DE VERNEUIL, N° 4.

1829.

# MEMOIRES

POUR LES

# HOMMES DE COULEUR.

## POURVOI

De MM. Bellisle, Frappart, Demil et Delphile. — Arrêt de la Cour de cassation du 4 janvier 1828.

(Présidence de M. de Portalis.)

M. le conseiller Ollivier a fait le rapport du pourvoi en cassation formé par MM. Frappart, Bellisle-Duranto, Eugène Delphile et Joseph, propriétaires, et négocians à la Martinique, condamnés au bannissement à perpétuité de leur patrie par arrêt de la Cour royale de la Martinique, du 12 janvier 1824, pour avoir signé les pétitions et adresses trouvées chez M. Bissette, à l'appui des prétentions des hommes de couleur.

Ces condamnés prétendent avoir déclaré leur volonté de se pouvoir en cassation dans les mains du greffier, et par lettres dans les mains du procureur-général par *intérim*, M. Richard de Lucy. La Cour, par un arrêt du 14 octobre 1826, a ordonné la vérification du fait.

M. Richard de Lucy et le greffier de la Cour ont répondu à la communication qui leur a été faite, qu'il n'existait en leur possession aucune pièce constatant le pourvoi. Du reste, ajoute l'ex-procureur-général, je pense que ces individus se seraient pourvus, s'ils avaient su que le pourvoi était recevable en matière criminelle.

Me Isambert, pour les demandeurs, a dit qu'il n'avait été pas suffisamment satisfait à l'arrêt de la Cour, en ce que ni le greffier ni l'ex-procureur-général n'affirmaient que ses cliens n'eussent pas *verbalement* annoncé cette intention lors de la lecture de leur sentence. S'il n'en a pas été dressé d'acte, c'est qu'ils étaient privés de leur liberté et qu'aucun officier ministériel n'a voulu les assister.

Entre l'affirmation de quatre malheureux et la dénégation implicite des magistrats de la Martinique, la balance n'est pas égale sans doute; le fait pourtant est aussi certain pour eux que pour MM. Bissette, Fabien et Volny.

Mais il est un autre moyen infaillible et légal de venir au secours du malheur et de l'innocence. Le réglement de 1738 dit qu'en cas d'insuffisance du délai, et eu égard aux circonstances particulières dont l'appréciation appartenait au conseil, il pourra être accordé des lettres de relief de laps de temps.

Dans quelles circonstances, a dit Me Isambert, fut-il plus nécessaire d'user de ce pouvoir?

Les magistrats de la Martinique déclarent que dans

leur opinion le pourvoi en cassation n'était pas admissible ; le ministère a partagé cette opinion, puisque par ce motif il a retenu les pièces pendant deux ans. Il y a donc eu erreur commune, erreur invincible pour les justiciables.

Si le pourvoi est admis, il est indubitable que les condamnés seront acquittés, puisque Fabien et Volny ont été mis hors de cause à la Guadeloupe et affranchis de toute peine.

Les demandeurs avaient été entièrement acquittés par les premiers juges à la Martinique comme les moins coupables. Le renvoi que la Cour de cassation prononcera aura donc pour effet de soustraire quatre innocens à une peine afflictive et perpétuelle. C'est au nom de la loi, de la justice et de l'humanité que le défenseur sollicite la cassation pour ses cliens.

M. l'avocat-général Laplagne-Barris a combattu le pourvoi, par le motif que la faculté de relever du laps de temps n'était accordée qu'à ceux qui avaient été empêchés par les circonstances de la guerre.

La Cour n'a pas partagé cette opinion, et après un délibéré d'une demi-heure, M. Portalis a prononcé le rejet par d'autres motifs et dans les termes suivans :

« Attendu qu'il n'est pas justifié par les demandeurs d'une déclaration de pourvoi faite dans le délai de l'année ;

« Attendu que selon la législation actuelle la Cour

de cassation ni aucun autre tribunal ne peut accorder de lettres de relief de laps de temps, et qu'elles ne pouvaient être expédiées qu'en chancellerie [1];

« La Cour rejette le pourvoi. »

---

## DÉNONCIATION

De MM. Bissette et Fabien contre M. de Peyronnet.
(25 janvier 1828.)

---

### A LA CHAMBRE DES DÉPUTÉS.

Messieurs,

Un ministre de la justice qui, au lieu de provoquer les magistrats retardataires dans l'administration de la justice criminelle, vient s'interposer entre eux et des malheureux placés sous le glaive de la loi ; qui, pendant près de deux ans, malgré des réclamations énergiques, retient leurs pièces, quand la loi lui impose l'obligation de les transmettre à la Cour de cassation dans les vingt-quatre heures de leur réception ; qui ne cède qu'à la menace d'une dénonciation aux Chambres ; qui par cette coupable

(1) Le tribunal de cassation a succédé sous ce rapport à l'ancienne chancellerie, et il existe des exemples de reliefs de laps de temps, pour cause de rupture de communications, ainsi qu'en est convenu l'avocat général. — L'arrêt est donc mauvais.

résistance a fait gémir vingt-un mois dans les prisons des innocens, ne leur a permis d'obtenir qu'une justice incomplète et tardive; qui les a entraînés dans d'effroyables dépenses, et les a fait long-temps désespérer de la justice de la métropole, ce ministre-là doit-il rester impuni? ne doit-il aucune réparation pour avoir imposé ses volontés tyranniques et arbitraires?

Le ministre dont nous nous plaignons est M. le comte de Peyronnet, ex-garde-des-sceaux de France; voici les faits que nous lui reprochons.

Le 10 mai 1824, notre défenseur a adressé au ministère de la justice, 1° notre requête en cassation contre l'arrêt de la Cour royale de la Martinique, du 12 janvier, qui nous avait flétris et condamnés aux galères à perpétuité dans un procès tout politique; ladite requête, en date du 20 avril, à bord du *Tarn*, en rade de Brest; 2° un imprimé de l'arrêt de condamnation avec observation que toutes les pièces de la procédure avaient été demandées au ministère de la marine.

Notre défenseur terminait cette requête en invoquant l'urgence, et la crainte que la condamnation ne fût mise à exécution par notre translation au bagne.

En même temps il requérait le renvoi à la Cour de cassation, dans les vingt-quatre heures, desdites pièces, conformément à la loi, et un accusé de réception pour sa décharge. Cet accusé de réception ne lui a été donné que le 17 janvier 1826, ainsi qu'on le verra ci-après. Cette requête a été enregistrée au ministère de la justice, sous le n° 4481.

Pourquoi, dira-t-on, ne pas s'adresser directement à la Cour de cassation, ainsi que nous l'a reproché un noble pair, rapporteur de la commission des pétitions (M. le comte Cornet, le 6 mai 1826)? La réponse est que, selon un arrêt rendu par cette Cour, le 3 octobre 1822, dans l'affaire du lieutenant-colonel Caron, mis à mort par ordre télégraphique le 1er, il a été décidé que les requêtes ne pouvaient être *directement* adressées à la Cour, nonobstant le texte en apparence formel de l'art. 424 du Code d'instruction criminelle.

On va voir tout ce qu'il a fallu pour s'affranchir des formes établies plutôt par l'usage que par la loi.

Notre défenseur s'étant assuré que M. le comte de Peyronnet n'avait pas, dans les vingt-quatre heures, adressé à la Cour de cassation les pièces dont il s'agit, et connaissant toute la persévérance de ce ministre dans la voie du mal, lorsqu'une fois il s'y était engagé, lui adressa le 12 mai une nouvelle requête, enregistrée sous le même numéro, dans laquelle il démontrait par l'exemple du pourvoi d'un ancien magistrat condamné pour corruption, aux colonies, M Bascher de Boisgely, contre un arrêt de la justice criminelle de la Guadeloupe, lequel pourvoi avait été admis par deux arrêts de la Cour de cassation, l'un du 27 octobre 1814, et l'autre du 10 décembre 1818, qu'un tel recours était recevable ; que l'intervention du ministère de la marine, dans la transmission des pièces, n'était que de forme et ne donnait pas au ministre le droit de préjuger la recevabilité du pourvoi.

Cette deuxième requête est restée sans effet comme la première. Contre l'usage *inviolablement* observé à la chancellerie, il n'en fut pas même accusé réception à notre défenseur. Les pièces ne furent pas transmises à la Cour de cassation. M. de Peyronnet s'est permis de se déclarer notre juge, et si le ministre de la marine n'avait eu plus d'humanité, nous serions, quoique innocens, entrés au bagne, en attendant que les obstacles que *seul* il opposait à l'admission de notre requête fussent levés.

A la Chambre des pairs, le 6 mai 1826, M. le comte Cornet a dit que M. le comte de Peyronnet avait adressé le 14 de ce mois les pièces et les requêtes au ministre de la marine (marquis de Clermont-Tonnerre), et qu'il avait dû le faire, parce que ce ministre est à l'égard des affaires judiciaires des colonies le ministre de la justice, et que notre défenseur avait eu tort de ne pas saisir directement ce ministre.

M. le comte Cornet, ainsi qu'il l'a écrit, a été trompé, ainsi que la commission, par un mémoire mensonger, adressé par M. de Peyronnet en 1826 pour le justifier : on nous a refusé communication de ce mémoire.

D'ailleurs, en *fait*, jamais reproche ne fut plus

mal adressé. Me Isambert avait commencé ses diligences par le ministre de la marine; le 9 mai 1824, il lui avait adressé les mêmes réquisitions qu'à M. le garde-des-sceaux de France[1]. De plus, les pièces de l'affaire Rollande, jugée le 11 juin 1825, ont été transmises à la Cour de cassation, non par le ministre de la marine, mais par celui de la justice.

*En droit*, la demande adressée à ce dernier était la seule voie indiquée par la loi elle-même; si le ministre de la justice voulait en communiquer au ministre de la marine, il devait en prévenir notre défenseur, ce qu'il n'a pas fait. Nous tirons de ce silence la preuve de sa volonté et de sa prévarication.

Au reste, le fait est démenti par le ministre de la marine, M. le comte de Chabrol, qui, dans une lettre du 24 février 1826, affirme que l'expédition de l'arrêt de condamnation est la *seule* pièce qu'il ait reçue (non de nous, mais de la Martinique), et que son département l'avait transmise à M. le garde-des-sceaux.

M. de Peyronnet a prétendu plus tard rejeter sur son collègue la responsabilité de la rétention des pièces; mais la correspondance de ce ministre lui donne un démenti. Par une lettre confirmative de de la précédente, et datée du 8 août 1826, M. le

(1) Voy. l'accusé de réception de cette requête par le successeur de M. le marquis de Clermont-Tonnerre, ci-joint sous le no 1er.

comte de Chabrol, en accusant réception de notre requête du 9 mai 1824, affirme, contre l'assertion de M. de Peyronnet, que son département n'avait pas reçu nos requêtes des 10 et 12 mai 1824.

Cependant, Me Isambert ayant, d'accord avec nous, délaissé à Me Chauveau-Lagarde, à partir du 25 mai 1824, la direction de cette affaire, pour se livrer exclusivement à la défense de nos compagnons d'infortune déportés par mesure administrative, Me Chauveau-Lagarde s'occupa de la rédaction d'une requête qu'il fit imprimer et qu'il présenta lui-même au greffe de la Cour de cassation à la fin de juin 1824.

Cette requête ne fut pas reçue : M. Ollivier, président *par intérim*, ayant allégué que la Cour ne pouvait être saisie que par le renvoi du ministre de la justice.

Peut-être M. Ollivier connaissait-il l'intention où était le ministre de ne pas transmettre nos pièces à la Cour de cassation, et de considérer notre pourvoi comme non avenu. Nous voyons par le rapport de M. le comte Cornet, qui a eu la correspondance ministérielle sous les yeux, que quelques jours avant le refus fait à M. Chauveau-Lagarde de recevoir notre requête (le 23 juin 1824), M. le garde-des-sceaux avait donné un avis contraire à l'opinion, adoptée depuis par la Cour de cassation, sur la recevabilité de notre pourvoi.

Ce rapport constate que M. de Peyronnet a gardé

nos pièces ; mais quel que fût son avis, il n'était pas notre juge ; il devait transmettre nos pièces à la Cour suprême ; la loi le lui commandait.

Veut-on une preuve matérielle de l'insigne mauvaise foi de ce ministre ?

Le 3 juillet 1824, le *Constitutionnel* annonce que Bissette, Fabien et Volny ont adressé au garde-des-sceaux de France les pièces de leur pourvoi, et qu'elles n'avaient pas été transmises à la Cour de cassation.

L'*Étoile* et le *Moniteur* ont publié une dénégation ayant un caractère officiel. Le *Constitutionnel* a répondu, le 8, que si les pièces n'avaient pas été transmises par le magistrat chargé du ministère public à la Martinique, chose qui n'avait pas été dite, elles l'avaient été au ministère de la justice, par les amis, les parens ou les conseils des parties, et qu'il n'appartenait qu'à la Cour de cassation de prononcer sur la validité du pourvoi.

L'*Étoile* répondit le soir même à cette affirmation dans les termes suivans :

« Les pièces de ce procès n'ont été adressées à « ce ministre ( le garde-des-sceaux ), ni *par les* « *magistrats, ni par les condamnés, ni par leurs* « *conseils* [1]. »

(1) Nous regrettons de ne pouvoir produire ces deux journaux à la Chambre ; mais elle les possède dans ses archives, et la commission peut s'assurer de l'exactitude de l'observation.

Et cependant le ministre auquel ce journal servait d'organe, par une lettre officielle du 17 janvier 1826, a accusé réception à Me Isambert d'une requête en *cassation*, par lui présentée en notre nom, le 10 mai 1824.

Ainsi M. le comte de Peyronnet osait nier, à la face de la France entière, le fait de la rétention de nos pièces.

Nous eussions éclaté alors, et couvert d'infamie l'auteur d'une telle dénégation. Mais M. Chauveau-Lagarde, notre défenseur, crut que dans la circonstance un éclat nous perdrait. On doit nous pardonner la faiblesse que nous eûmes alors de ne pas écrire au *Constitutionnel* pour faire connaître la vérité. Si notre pourvoi était rejeté, notre sort était dans les mains du ministre qui pouvait faire échouer un recours en grace ou en révision. Nous étions condamnés aux galères perpétuelles !

Nous préférâmes garder le silence, croyant qu'il nous en saurait gré.

Le 15 juillet, la Cour de cassation eut l'occasion de statuer sur la question de recevabilité du pourvoi, dans l'affaire du sieur Darrac; elle reconnut qu'en matière de grand criminel, le pourvoi était admissible, d'après l'art. 6, titre IV, du réglement de 1738.

M. de Peyronnet, auquel cet arrêt fut transmis, ne tint compte de cet avertissement, et persista à retenir nos pièces.

M. Chauveau-Lagarde tenta alors quelques démarches auprès de la chancellerie. Elles furent sans succès. Il nous écrivait, sous la date du 25 mars 1825, qu'il avait vu les ministres, et que les ministres avaient permis de donner suite au pourvoi, mais on le trompait. Lors de l'arrêt rendu par la Cour, le 27 janvier 1826, les démarches même furent niées par l'organe du ministère public.

Cependant l'année qui est accordée par la loi aux habitans des colonies, pour se pourvoir en cassation, était expirée.

Me Chauveau-Lagarde, repoussé par le ministère de la justice, s'adressa au ministère de la marine, qui, le 18 avril 1825, lui déclara officiellement que le pourvoi n'était pas recevable.

Ainsi, par le machiavélisme du ministère, trois infortunés allaient subir la peine des galères perpétuelles, dont ils ont été relevés plus tard par des arrêts de justice.

Me Isambert, chargé par un sieur Rollande, pharmacien de la Martinique, de poursuivre la cassation d'un arrêt qui le condamnait au blâme en la voie criminelle, et à une sorte de dégradation civique, avait obtenu que la Cour en fût saisie. Sa demande avait été adressée, le 21 juillet 1824, à M. le comte de Peyronnet, qui, n'attachant aucun intérêt politique à cette affaire, lui avait laissé suivre son cours. Les pièces avaient été transmises à la Cour de cassation, le 20 avril 1825, avec la procédure venue des colonies, suivant la lettre ci-jointe du greffier de la Cour de cassation, et cette Cour a prononcé le 11 juin 1825, en déclarant le pourvoi recevable en la forme.

Me Isambert nous prévint de cette circonstance, et nous en écrivîmes nous-mêmes à Me Chauveau-Lagarde, qui ne put vaincre la résistance que lui opposait M. de Peyronnet.

Nous nous adressâmes enfin de nouveau à Me Isambert, le 21 décembre, et le priâmes de joindre ses efforts à ceux de son confrère. Le 27 décembre, il écrivit à M. le comte de Peyronnet une lettre, dans laquelle après avoir rappelé la transmission des deux requêtes des 10 et 12 mai 1824, il demandait la remise de ces pièces, dans le but de remplir auprès de la Chambre des pairs, à l'ouverture de la session, le mandat *nouveau* qui *venait de lui être donné*.

M. de Peyronnet ne voulut pas s'en dessaisir; mais pour détourner la pétition, il les transmit à la Cour de cassation le 17 janvier 1826.

Il les aurait conservées et supprimées, si M. Portalis, nouvellement nommé à la présidence de la Chambre criminelle, n'eût pris alors l'initiative, jusque là déniée à la Cour de cassation. Ce magistrat avait reçu le 14 nos requêtes en cassation, et avait annoncé à nos défenseurs la nomination d'un rapporteur.

M. de Peyronnet en eut connaissance; il craignit la publicité des plaintes que nos défenseurs allaient faire de son arbitraire. Il espérait en même temps étouffer la pétition à la Chambre des pairs.

Le 27 janvier 1826, la Cour de cassation a prononcé sur notre pourvoi. Le ministère public le soutint non recevable, parce que l'année du recours était expirée.

Nous n'échappâmes à cette fin de non-recevoir, que parce que la Cour reconnut que les pièces avaient été retenues par un fait qui nous était étranger, et elle ordonna l'apport des pièces de la procédure.

Le 29 juillet, cette Cour rendit un second arrêt pour faire vérifier si la loi pénale qui nous était appliquée avait été promulguée à la Martinique.

Le 30 septembre, elle a cassé l'arrêt de notre condamnation, et nous a renvoyés devant la Cour de la Guadeloupe.

Le 28 mars 1827, cette Cour, malgré les préjugés de sa position, a mis Fabien et Volny hors de cause, et elle a condamné Bissette au bannissement seulement des colonies françaises, et ordonné notre mise en liberté à tous.

Il résulte de cet exposé fidèle et appuyé de pièces authentiques, que nos pièces ont été retenues par M. le comte de Peyronnet, contre la disposition expresse des lois et contre les demandes qui lui ont été adressées depuis le 10 mai 1826;

Que M. de Peyronnet a agi de mauvaise foi et dans l'intention d'étouffer notre pourvoi, ce que prouveraient d'ailleurs les dénegations de son journal, et les efforts qu'il a faits pour rejeter sur le ministère de la marine la responsabilité de ses actes.

Y a-t-il un acte plus blâmable pour un ministre de la justice que de s'interposer entre l'innocence et la justice qui doit prononcer?

N'est-ce pas là trahir le premier de ses devoirs, trahir le mandat que le Roi lui a confié?

Si la Chambre ne pense pas que ce soit un cas de responsabilité générale, que c'en soit au moins un de responsabilité pécuniaire.

En 1545, le chancelier Poyet fut mis en jugement pour *fautes, abus et malversations* commises dans son office, notamment pour avoir arrêté l'exécution d'un jugement, et pour avoir usurpé la connaissance de plusieurs affaires déférées au grand-conseil, et enfin pour avoir fait détenir arbitrairement un nommé Simon Lebailly. Le parlement de Paris, par son arrêt du 24 avril, rendu par trente-quatre magistrats, le condamna à la dégradation civique, à cent mille livres d'amende, à quatre cents livres parisis de provision en faveur de la veuve et des enfans dudit Lebailly, sauf aux parties à poursuivre en ladite Cour leurs droits et actions contre ledit Poyet et ses complices, et a ordonné que cesdites parties se pourraient aider des pièces du procès. (*Recueil des anciennes lois françaises*, tome XII, p. 888 — 892.)

Nous avons été privés de notre liberté pendant

un an huit mois quatre jours, ou six cent neuf jours, par le fait de M. le comte de Peyronnet.

L'art. 117 du Code pénal estime au *minimum* de 25 fr. par jour, et pour chacun de nous, l'indemnité de la détention.

Nous ne sommes pas de la dernière classe, nous avons des établissemens à la Martinique, nous sommes pères d'une assez nombreuse famille ; nous avons droit par conséquent au moins à une indemnité double.

Nous demandons s'il nous est permis de poursuivre M. le comte de Peyronnet par la voie civile ; ou, si la Chambre pense qu'un ministre ne peut être poursuivi devant les tribunaux mêmes pour une prévarication privée, qu'elle daigne nous renvoyer, ainsi que M. le comte de Peyronnet, devant la Chambre des pairs, pour y faire statuer sur la dénonciation en forfaiture que nous portons contre lui.

---

## DISCUSSION.

(Séance de la Chambre des Députés, du 26 avril 1828.)

*M. de Laboulaye* (rapporteur) : Les sieurs Bissette et Fabien fils, à Paris, demandent à être autorisés à poursuivre M. de Peyronnet par la voie civile, ou à être renvoyés avec lui devant la Cour des pairs. (Vif mouvement d'intérêt dans l'assemblée.)

M. le rapporteur dit qu'on a voulu faire grand bruit de cette affaire; que déjà une pétition a été présentée à la Chambre des pairs, et qu'elle fut écartée par l'ordre du jour. Il fait surtout observer que M. le garde-des-sceaux n'est point ministre de la justice pour les colonies, qui sont placées sous un régime exceptionnel; que c'est M. le ministre de la marine; que dès lors la pétition est sans objet. Il ajoute que les pétitionnaires n'ont pas à se plaindre; qu'ils n'ont pas été envoyés au bagne, mais au château de Brest, où ils n'ont éprouvé aucun mauvais traitement.

Il est possible qu'il y ait eu un retard volontaire ou involontaire dans l'envoi des pièces; mais cela ne concerne que les autorités judiciaires des colonies, et M. de Peyronnet y est totalement étranger. La commission, tout en déplorant que des hommes, déclarés depuis innocens, aient été d'abord condamnés, reconnaît que la conduite du garde-des-sceaux a été conforme aux lois, et propose l'ordre du jour. (Rumeurs diverses.)

*M. Benjamin Constant* demande la parole. (Un profond silence s'établit.)

Messieurs, je demande pardon à la Chambre de me présenter à cette tribune, à l'occasion d'une pétition, avec un discours écrit; mais il s'agit de faits détaillés et de dates précises. La moindre inexactitude serait préjudiciable à ceux dont, pour la quatrième fois, j'embrasse la cause.

Les pétitionnaires sont des hommes qui ont été frappés de condamnations prononcées à huis-clos, sans défenseurs entendus, au mépris des décrets de Louis XVI, et reconnues iniques par un arrêt subséquent; des hommes sur lesquels ces condamnations ont été exécutées en violation de la législation positive, pendant et malgré l'appel qui a fait éclater leur innocence; des hommes traînés en France pour y être jetés dans les bagnes, et détenus, contre toutes les lois, en charte privée, à bord d'un vaisseau, pendant cet appel qui devait tout suspendre; des hommes qu'on a entravés dans leur recours légitime par les retards apportés à la transmission de leur requête et de leur pourvoi; des hommes qui survivent seuls à un beaucoup plus grand nombre de compagnons d'infortune, morts sous un ciel brûlant, par l'effet d'une déportation illégale, ordonnée par un arrêt qui a été cassé et consommé avant le jugement de la cour suprême, par le ministre de la marine d'alors, M. de Clermont-Tonnerre.

Ces hommes vous exposent une partie de leurs griefs. Ils vous demandent, et je commence par en convenir, ce que vous ne pouvez pas leur accorder pleinement. Il n'appartient point à la Chambre de décider s'ils poursuivront un ministre par la voie civile; dans mon opinion, ils en ont le droit; l'autorisation du conseil d'État n'est pas nécessaire, parce que les ministres, supérieurs au conseil d'État, ne sauraient devenir ses justiciables. Mais la solution de cette question nous est étrangère. Il ne nous appartient pas non plus de renvoyer les pétitionnaires devant la Chambre des pairs. Mais est-ce un motif pour les frapper d'un ordre du jour? Je ne le pense pas. Je le pense d'autant moins que cet ordre du jour, tel qu'il est motivé par la commission, serait une absolution pour des ministres que vous n'avez pas le droit d'absoudre, puisque vous n'examinez pas si vous devez être leurs accusateurs, et que, dans tous les cas, vous n'êtes pas leurs juges.

La question spéciale dont la pétition vous entretient, consiste à savoir si le ministre de la justice en 1824, recevant, le 10 mai de cette année, la requête en cassation des pétitionnaires, a, relativement à cette requête et aux pièces qui l'accompagnaient, obéi à la loi, ou si, les renvoyant au ministre de la marine pour la forme, et pour ainsi dire clandestinement, c'est-à-dire sans daigner en prévenir les pétitionnaires, formalité à laquelle l'article 424 du Code d'instruction criminelle l'obligeait, et en les recevant de nouveau sans en faire usage, il n'a pas causé un retard d'un an et huit mois, retard qui a prolongé leur malheur et consommé leur ruine.

Vous remarquerez que j'écarte une autre question, élevée pour la justification du garde-des-sceaux, mais abandonnée. On avait prétendu que le pourvoi en cassation n'était pas recevable. Un noble pair[1] a

(1) M. le duc de Broglie, séance de la Chambre des pairs, 6 mai 1826. (*V.* IIIe partie des Mémoires, p. 1.)

prouvé que cette prétention était fausse. Il a cité cinq exemples de pourvois coloniaux admis par la Cour suprême. Reste donc uniquement la question que j'ai posée.

La commission vous dit que le ministre de la justice, quatre jours après avoir reçu la requête des pétitionnaires, l'a renvoyée à son collègue du département de la marine. Le fait est vrai : une lettre de M. de Chabrol, successeur de ce dernier ministre, le certifie. Mais la commission ne vous dit pas, sans doute parce qu'elle n'a pas remarqué ce second fait, que la même lettre de M. de Chabrol atteste que le 16 juin les pièces ont été renvoyées de nouveau au département de la justice. Qu'a fait M. le garde-des-sceaux depuis le 16 juin 1824 jusqu'au 17 janvier 1826?

Les pétitionnaires, objecte-t-on, n'auraient pas dû s'adresser au ministre de la justice, mais à celui de la marine, chargé des fonctions de garde-des-sceaux pour les colonies. Ils l'ont fait. Une seconde lettre de M. de Chabrol constate que leur requête, adressée le 9 mai 1824 à son prédécesseur, est enregistrée à son département le 11 du même mois. Qu'a fait M. de Clermont-Tonnerre depuis le 11 mai 1824?

L'article 424 du Code d'instruction criminelle était pourtant clair : « Dans les vingt-quatre heures de la réception des pièces, porte cet article, le ministre de la justice les adressera à la Cour de cassation. » Si le ministre de la marine remplace pour les colonies celui de la justice, la transmission des pièces était de son devoir; il y a manqué.

Mais les condamnés et leurs avocats avaient, dit-on, par le même article, le droit d'adresser directement leur requête au greffe de la Cour suprême; que ne l'ont-ils fait? Messieurs, l'ancien ministère, mieux que personne, sait la réponse à cette objection. Un condamné, le lieutenant-colonel Caron, à Belfort, dans l'affaire des escadrons travestis et payés, avait pris cette voie. La Cour de cassation a prononcé le 3 octobre, et dès le 1er, le lieutenant-colonel Caron était fusillé. (Marques très vives de sensation.)

D'ailleurs, Messieurs, en accordant à cette objection la force qu'elle n'a pas, je demanderai, comme l'a fait un noble pair[1], en parlant sur une pétition à peu près identique, à l'autre Chambre, s'il en eût coûté beaucoup au ministre pour avertir de son erreur l'avocat des pétitionnaires.

Je demanderai en second lieu comment on concilie l'apologie qu'on vous offre, avec l'affirmation positive contenue dans *le Moniteur* du 4 juillet 1824: « Le garde-des-sceaux n'a aucune de ces pièces »; assertion corroborée par l'article suivant, insérée manifestement par ordre dans un journal qui était l'organe officiel de toutes les déclarations de la chancellerie.

« Les pièces de ce procès, celui des pétitionnaires,

(1) M. le duc de Broglie.

n'ont été adressés à ce ministre (le garde-des-sceaux) ni par les magistrats, ni par les condamnés, ni par leurs amis. » (*Étoile* du 8 juillet 1824.)

Cette déclaration n'est pas un bruit rapporté sur ouï-dire; elle est formelle; elle porte l'empreinte d'une affirmation autorisée; elle est du 8 juillet, postérieure de deux mois au premier envoi de la requête par les pétitionnaires, postérieure de 25 jours à son renvoi par le ministre de la marine au garde-des-sceaux. Comment ce dernier a-t-il permis une telle déclaration? comment ne l'a-t-il pas démentie? Elle trompait les pétitionnaires; elle les jetait dans l'ignorance sur le sort de leur requête. Était-ce là le but? Appelait-on les ténèbres au secours de l'injustice pour étouffer les réclamations, et pour attendre l'effet vraisemblable d'une douleur sans remède ou d'une captivité prolongée?

Ce but expliquerait pourquoi ce ne fut que le 17 janvier 1826 que le ministre de la justice accusa réception des suppliques et de la requête qui lui avaient été adressées vingt mois auparavant. Les lettres sont là pour constater les dates, et leur rapprochement est, à mes yeux, la preuve morale que l'ancien garde-des-sceaux n'a pas fait ce que la loi lui ordonnait de faire.

Dira-t-on qu'après tout on ne peut lui repprocher qu'un silence dur et moralement inexcusable, mais que le déni de justice n'est pas légalement son fait? que son collègue de la marine devait plus spécialement agir? Alors, Messieurs, c'est sur celui-ci que la sévérité doit peser. Il y a eu déni de justice. N'importe où les coupables se cachent, il faut les trouver ; il faut punition pour le délit et réparation pour les victimes.

Je m'empresse de vous rappeler, Messieurs, qu'en 1824 le ministre de la marine n'était pas M. de Chabrol. Le ministère de M. de Chabrol n'a pas été exempt de faiblesse ; il l'a été de violences et de vexations. Quand son prédécesseur a quitté le département de la marine pour celui de la guerre, l'armée a frémi, la marine et les colonies ont respiré. Dans l'affaire même qui vous occupe, M. de Chabrol, sans oser blâmer les injustices, les a réparées. Il a commencé la répression d'un trafic infâme, et je me souviendrai toujours avec reconnaissance que j'ai vu son nom au bas de l'ordonnance qui nous a délivré des anciens ministres (A gauche : Très-bien. — Chuchottemens à droite.)

Un scrupule, Messieurs, peut, je le sens, troubler encore vos esprits. Quel intérêt avaient deux ministres à prolonger la captivité des pétitionnaires ? Je dois répondre à cette question, et, pour y répondre, je dois vous exposer certains faits. Je le ferai aussi brièvement qu'il me sera possible. Ils tiennent à la question ; car, en les ignorant, vous douteriez, et vous auriez raison, que des hommes revêtus de fonctions éminentes eussent fait gratuitement le mal pour le mal. Je dissiperai vos doutes en vous prouvant qu'ils avaient un intérêt pressant à le faire.

Vous savez, Messieurs, que plusieurs ordonnances de nos rois ont été destinées à donner dans nos colonies des garanties équitables aux hommes de couleur. Ces ordonnances remontent à Louis XIV et même à Louis XIII. Une brochure, rappelant ces ordonnances, parut à Paris en 1822. Quelques hommes de couleur la portèrent à la Martinique : elle avait été publiée dans la capitale, sans devenir l'objet d'aucune poursuite. Il ne pouvait être interdit à aucun sujet français de la posséder ; mais, alarmés par cette brochure, les ennemis des hommes de couleur adressèrent au Gouvernement une réclamation qui, dans tous les temps et dans tous les pays, aurait dû être considérée comme un acte de rébellion. Ils se déclaraient décidés à défendre, à quelque prix que ce fût, les réglemens coloniaux, réglemens contraires aux ordonnances royales, et chargeaient le gouverneur de faire bien comprendre au gouvernement qu'ils étaient fermement résolus à n'admettre aucune modification. Si quelque département de la France parlait ainsi à l'autorité, le devoir de l'autorité serait de sévir contre ces provocations à la révolte. Néanmoins, le croiriez-vous? le ministre de la marine d'alors a fait à cette tribune l'apologie de cette rébellion ; le ministre de la marine d'alors, qui, depuis, ministre de la guerre, a tant prêché l'obéissance passive, et dont les théories, à cet égard, sont gravées sur nos murs en caractères de sang !... (Mouvement dans l'assemblée.)

Mais continuons. Le gouverneur, dont l'impérieux

devoir était de réprimer les rebelles, n'aspira qu'à leur complaire. Il parla, dans sa réponse à leur manifeste, de troubles qui n'existaient pas, de pamphlets exprimant des vœux coupables, quand il n'y avait qu'un pamphlet qui invoquait les lois existantes. Il ordonna des perquisitions chez tous les hommes de couleur. On trouva la brochure dont je vous ai parlé; plus, le discours d'un député que le roi n'a pas jugé si coupable, puisque S. M. l'a nommé questeur [1]. Des arrestations nombreuses s'ensuivirent, la supposition d'un complot, un procès, des condamnations au bannissement, des déportations, un appel *à minimâ*, une condamnation à la marque et aux galères, un pourvoi refusé par le greffier, qui, par cela seul, a commis un délit grave, et, malgré le pourvoi, une exécution qui a marqué du sceau de l'infamie des hommes reconnus innocens dès qu'ils ont réussi à se faire entendre.

Je vous fais grace des horreurs partielles; vous ne les croiriez pas. Un vieillard, craignant d'être déporté, se noie : on déporte son fils; un frère est déporté à la place de son frère; des créanciers au lieu de leurs débiteurs. M. de Clermont-Tonnerre a nié ces faits à cette tribune, le 6 juin 1824. J'en ai apporté les preuves le 8 janvier 1825.

Ce n'est pas tout. Quelques-unes des victimes arrivent en France pour suivre, avant d'entrer aux galères, leur réclamation, long-temps étouffée, con-

(1) M. Lainé de Villevêque.

tre un arrêt illégalement exécuté. On n'avait pas le droit de leur ôter les moyens d'invoquer la justice. Que fait M. le ministre de la marine, M. de Clermont-Tonnerre? Malgré les éclaircissemens dont on l'environne, malgré les supplications dont on le poursuit, contre les règles de la justice, au mépris des devoirs de la pitié, il fait déporter les uns sur les plages du Sénégal; ils y meurent: il retient les autres dans des cachots, et c'est par miracle qu'ils n'y périssent pas; et quand, à cette époque, je demandai pourquoi ces excessives rigueurs, on me répondait: « Ces hommes, en France, auraient parlé à des avocats, ils auraient fait du bruit; ils auraient agité l'opinion; cela eût été fâcheux. » Messieurs, quand on ne veut pas que des malheureux crient, il ne faut pas les opprimer, et il ne faut pas les déporter à mille lieues, en disant que leurs cris seraient incommodes. (Bravos à gauche.)

Ils ont trouvé cependant des avocats, dignes à jamais de tous les éloges par leur courageuse activité, par leur persistance infatigable, et deux d'entre eux ont fait éclater leur innocence. Je n'avais donc pas tort quand, le 6 juin 1826, à cette tribune, au milieu des interruptions et des murmures, je disais: « Que les ministres ne se flattent pas d'étouffer cette affaire. L'injustice renaît de ses cendres; la voix des victimes perce les murs des cachots: elle percerait la nuit de la tombe. »

Vous voyez maintenant, Messieurs, pourquoi cette coalition des ministres, disputant aux pétionnaires l'accès de la justice. Vous concevez pourquoi l'un d'eux niait ici des faits que son successeur a été contraint d'avouer à l'autre Chambre; pourquoi un second gardait pendant vingt mois un silence obstiné, et n'accusait que le 17 janvier 1826 réception d'une requête à lui envoyée le 10 mai 1824; pourquoi un troisième prétextait, le 14 février, la non-arrivée des pièces demandées, et transmettait le 26 à la Cour de cassation la plus importante de ces pièces, avec la preuve involontaire qu'elle était en sa possession depuis vingt-deux mois.

Je me résume: J'ai reconnu que la demande des pétitionnaires, telle qu'elle est rédigée, n'est pas admissible; mais ce n'est point une raison pour passer à l'ordre du jour. La pétition doit être réunie aux matériaux importans et nombreux qui s'accumulent pour que votre sagesse en détermine l'usage; dépôt triste et précieux que vous examinerez un jour, mais qui, dès aujourd'hui, sert à l'instruction des ministres actuels et à la réprobation salutaire qui doit repousser à jamais du pouvoir et de toute influence publique ou cachée les hommes convaincus de pareilles manœuvres et coupables de pareils délits. (A gauche : Bravo ! bravo ! — Profond silence à droite.)

En réclamant pour cette pétition le dépôt au bureau des renseignemens, je remplis mon devoir envers l'infortune, mon devoir encore envers la royauté. Messieurs, vous voulez la monarchie, la royauté constitutionnelle, seule espèce de monarchie durable dans l'état actuel des esprits et des mœurs, la dynastie qui nous gouverne. Je veux tout cela; je repousse tout gouvernement nouveau, toujours arbitraire, parce qu'il est inquiet, toujours tyrannique, parce qu'il est menacé.

Séparez donc bien clairement, Messieurs, cette monarchie, cette royauté, cette dynastie des ministres qui, en se plaçant entre elle et le peuple, ont troublé l'harmonie, intercepté l'affection. Prouvez, en les dévoilant avec courage, en les réprimant avec vigueur, que leurs iniquités, leurs actes arbitraires, tout le mal qu'ils ont fait, étaient l'ouvrage d'un pouvoir tout autre que le pouvoir salutaire et réparateur qui réside dans la royauté. (Bravos prolongés à gauche.) Par dévoûment pour le monarque, Messieurs, faites que la responsabilité des ministres soit réelle.

A gauche, avec force. — Appuyé! appuyé!

*M. le rapporteur :* Je ne suis pas le défenseur de l'ancien ministère; mais je défendrai toujours ceux que je croirai injustement attaqués, et surtout lorsqu'ils ne seront pas là pour répondre. M. Benjamin Constant a cru devoir rattacher à la pétition plusieurs faits sur lesquels je n'ai pas en ce moment de renseignemens suffisans. Je ne défendrai jamais l'injustice et l'arbitraire. Seulement je ferai observer que les colonies sont placées sous un régime exceptionnel. Vous savez pour quelles raisons; vous savez combien de fois leur existence politique a été compromise. (Exclamation à gauche; interruption.)

*M. le président :* Je rappelle que l'orateur ne doit pas être interrompu.

*M. de la Boulaye*, continuant : Il était nécessaire de prendre de grandes précautions. Au reste, un jugement a été prononcé, et vous ne croirez pas qu'un jugement soit une injustice. (A gauche : Il a été cassé.) Tous les jours nous voyons des jugemens cassés ; les juges peuvent se tromper ; mais il n'en résulte pas qu'ils soient injustes.

Mais je reviens à la pétition. Quel est l'objet des pétitionnaires ? qui accusent-ils ? M. le garde-des-sceaux. Or, il est constant que M. le garde-des-sceaux n'est pour rien dans ce qui concerne les colonies ; c'est M. le ministre de la marine que les faits concernent. Leur pétition porte donc à faux, et vous ne pouvez pas l'accueillir.

J'ajouterai que, dans une lettre à M. Isambert, M. de Chabrol disait que le garde-des-sceaux avait déjà reçu les pièces, le 9 mai, de cet avocat, et que dès lors leur renvoi était inutile. Quant aux simples lettres adressées par M. Isambert au garde-des-sceaux, ce ne sont pas des pièces. Les véritables pièces, c'est la requête, c'est la demande en pourvoi, et celles-là ont été transmises.

Déjà une discussion a eu lieu à la Chambre des pairs, et là M. le ministre de la marine a répondu ; il a déclaré les motifs pour lesquels les pièces n'avaient pas été renvoyées. (Ecoutez ! écoutez !)

*M. de la Boulaye*, prenant le *Moniteur* : Ces

motifs, c'est que lui-même était embarrassé de savoir si ces arrêts étaient susceptibles de cassation... (Vives exclamations à gauche. — Plusieurs voix : Dans le doute, il ne fallait pas retenir les pièces.)

*M. de la Boulaye* : Si vous m'interrompez, il me sera impossible de continuer. Je n'ai point préparé cette réponse, j'ai besoin d'indulgence.

*M. le président* : Continuez, monsieur ; vous ne serez point interrompu. (Le silence se rétablit.)

*M. de la Boulaye* : Je disais que le ministre doutait que ces arrêts fussent susceptibles d'un pourvoi en cassation ; et en effet, à l'île Bourbon, il n'y avait pas encore eu d'exemple d'un arrrêt cassé. D'ailleurs, Messieurs, il existait peut-être aussi d'autres motifs que le ministre ne pouvait pas faire connaître à la tribune. (Rumeurs à gauche.) Il y avait peut-être du danger à admettre ce pourvoi. Enfin, si M. le garde-des-sceaux avait envoyé les condamnés aux galères, vous pourriez l'accuser d'injustice ; mais non ; il les a envoyés au fort de Brest ; *ils étaient là passablement*.... (Éclats de rire prolongés dans l'assemblée. M. le président agite plusieurs fois la sonnette avant que le silence se rétablisse.)

*M. de la Boulaye*, reprenant : Oui, Messieurs, ils ne se plaignaient d'aucune vexation ; seulement ils étaient privés de la liberté ; mais enfin il vaut mieux être dans un château fort qu'aux galères. (Nouveaux éclats de rire à gauche et interruption.)

*M. de la Boulaye* : Pendant le discours très

détaillé de M. Benjamin Constant, il n'a pas été interrompu, et, je le répète, je n'ai pas préparé ma réponse; j'ai besoin d'indulgence.

Voix à droite. — C'est vrai.

*M. de la Boulaye :* Si vous adoptiez le dépôt au bureau des renseignemens, vous flétririez, sans nécessité, sans motif, un acte d'administration. Avant tout, il faut être juste; il ne faut pas condamner sans avoir entendu.

*M. Benjamin Constant :* Je demanderai la permission de répondre en peu de mots à M. le rapporteur; je ne rentrerai point dans la question. M. le rapporteur vous a dit que le ministre de la marine pouvait être incertain sur la question de savoir si le pourvoi en cassation pouvait être admis, et que son incertitude et les recherches qu'il avait eu à faire avaient pu entraîner des délais. D'abord je ne crois pas que l'ignorance d'un ministre soit une raison pour violer des droits positifs; ensuite, je dirai qu'il était impossible que M. de Clermont-Tonnerre pût être incertain; il n'avait qu'à fouiller dans les archives de son ministère, il aurait vu que cinq arrêts ont été cassés par la Cour de cassation : l'un dans l'affaire Bascher de Boisgely, du 27 octobre 1814; le second dans la même affaire, le 10 décembre 1818; le troisième dans l'affaire Darrac, le 15 juillet 1824; le quatrième dans l'affaire Rolande, le 11 juin 1825; le cinquième dans l'affaire Rougon, le 5 juillet de la même année; et d'après ces preuves, la Chambre des pairs a rejeté l'ordre du jour, le 6 mai 1826.

Je vous le demande, comment le ministre a-t-il pu être dans l'incertitude, quand il avait sous les yeux cinq exemples frappans? Eh! dans quel état sommes-nous, dans quel état sont les citoyens des colonies! Ce qui frappe les habitans des colonies, l'arbitraire et l'inhumanité, doit révolter la France. Si le ministre, en violant les lois, en faisant gémir pendant vingt mois des malheureux dans des cachots, pouvait se justifier en disant : « Messieurs, la loi me paraissait obscure; je ne savais pas comment me décider; je vous le demande, dans quel état serions-nous? Le ministre n'avait aucune excuse : ou il était le plus ignorant des hommes, et alors il ne devait pas être ministre; ou il en était le plus coupable. (Bravos à gauche.)

M. le rapporteur a ajouté qu'il pouvait y avoir des causes pour lesquelles les ministres croiraient devoir refuser de s'expliquer; avec cette théorie, on voudrait les autoriser, non-seulement à violer la loi, mais encore à ne pas s'expliquer, en nous disant qu'ils ont des raisons pour lesquelles ils ne peuvent pas s'expliquer.

J'ai commencé par avouer que ce qu'affirment les pétitionnaires ne peut pas leur être complètement accordé; mais le renvoi de la petition est nécessaire pour une mesure que tôt ou tard nous aurons à voter. Quand M. le rapporteur nous a dit que le renvoi au bureau des renseignemens est un jugement, il a donc oublié qu'une accusation directe étant proposée, il y a peu de jours, par un simple citoyen, nous en avons voté le dépôt au bureau des renseignemens. Avez-vous préjugé la question par ce dépôt? Si cela est, il sera utile qu'on le dise; si cela n'est pas, l'argument de M. le rapporteur tombe de lui-même.

On n'a pu étouffer cette affaire avec des délais; on ne l'étouffera pas davantage avec l'ordre du jour. Dans peu de jours, une pétition de ces infortunés viendra avec des détails que j'ai abrégés pour ne pas abuser des momens de la Chambre.

Messieurs, donnez la satisfaction qu'on vous demande, je ne dis pas aux pétitionnaires, mais à la justice. Lorsque vous voyez un crime, lorsque vous savez que quelqu'un en est coupable, montrez que vous ne voulez pas écarter la lumière. Je vous le demande dans l'intérêt de la justice et de l'humanité, dans l'intérêt même de cet ancien ministère qu'on veut si étrangement ménager. N'écartez pas les pièces qu'on vous présente : si vous le croyez innocent, elles serviront à le justifier; mais s'il est coupable, l'empressement que vous mettrez à repousser la plainte retombera sur lui, et le flétrira encore plus, s'il est possible, dans l'opinion publique. (Bravos à gauche; murmures prolongés à droite.)

*M. Boscal de Réals* : Permettez-moi de venir défendre devant vous une quantité considérable de propriétaires attaqués dans ce qu'ils ont de plus cher dans leur honneur. On a dit qu'ils avaient adressé au gouverneur de la Martinique une dénonciation contre une conspiration qu'ils prétendaient imminente dans la colonie. Je ne connais pas les termes de cette dénonciation ; ce que je puis affirmer, c'est que ces propriétaires ont porté aux pieds du gouverneur l'expression des craintes les plus vives. Il n'y avait pas rébellion de leur part. Cet acte était une demande de conservation de leurs propriétés et de leurs droits politiques. On peut en croire les appréhensions de ceux qui, à force de courage et de sacrifices, ont spontanément conservé au Roi de France la possession de cette colonie.

Plût à Dieu, Messieurs, que nous n'eussions pas d'autres reproches à adresser à quelques-uns de nos concitoyens ! Une brochure, que je ne veux pas qualifier, a été répandue avec profusion dans la capitale. Un discours qui fait honneur aux sentimens de celui qui l'a prononcé, un discours capable d'émouvoir les cœurs les plus insensibles, devait retentir au loin, et notre honorable collègue, s'il était ici (M. Laisné de Villevesque préside le collége d'Orléans), serait interpellé par moi pour dire si, aussitôt après qu'il eut parlé, je ne lui fis pas voir quel danger il y avait à appeler ainsi l'intérêt et la commisération sur une classe qui est loin d'être aussi malheureuse qu'on le dit. (Rumeur à gauche.)

Rappelez-vous, Messieurs, que tous les ministres qui se sont succédés ont renfermé dans des termes de circonspection et de prudence tout ce qu'ils ont dit sur les colonies. N'oublions pas que ce sont des frères que nous avons dans les colonies, et que, dans des circonstances graves, ils sauront nous montrer qu'ils ont aussi le cœur français. Je n'ai point l'habitude de la tribune, et si j'y suis monté, Messieurs, c'est parce que je n'aime point qu'on attaque des hommes dont les actions ont eu pour mobile de hautes considérations de sécurité publique.

*M. de la Boulaye*, rapporteur : Quand M. Benjamin-Constant fait un tableau si pathétique et si touchant des souffrances des pétitionnaires, j'ai dit qu'en prononçant d'après ces émotions le renvoi au bureau des renseignemens, vous auriez prononcé une condamnation contre le ministère. (Interruption à gauche.)

*M. le président* : Ces interruptions troublent l'ordre, elles nuisent à la liberté des opinions.

*M. de la Boulaye*: On est étonné de la sévérité de la Cour de la Martinique, mais on a des exemples de cette sévérité commandée par les localités. Quand la Cour juge les incendies, on sait avec quelle sévérité elle prononce; mais pourquoi? parce que les incendies sont fréquens dans ce pays. Je crois que le ministre pouvait avoir des raisons pour suspendre sa décision, et je demande l'ordre du jour. (Murmures à gauche.)

*M. le président* : On a demandé le dépôt de la pétition au bureau des renseignemens. L'ordre du jour, proposé par la commission, a la priorité; je vais le mettre aux voix.

Le côté droit et une partie du centre se lèvent pour l'ordre du jour; tout le côté gauche et le reste du centre se lèvent contre.

MM. les secrétaires se consultent pendant quelques instans. M. de la Boulaye, qui est resté à la tribune, s'entretient avec M. Dumeilet, et lui désigne du geste le côté droit.

Le bureau déclarant l'épreuve douteuse, M. le président met de nouveau l'ordre du jour aux voix.

Le même nombre de membres se levant pour et contre, M. le président, après avoir consulté MM. les secrétaires, annonce qu'on va procéder à l'appel nominal.

Des groupes nombreux se forment aussitôt dans la salle, et le bruit des conversations qui s'établissent entre les membres couvre la voix de M. le président, qui invite ceux de MM. les députés qui voudront l'ordre du jour à mettre une boule blanche dans l'urne qui est sur la tribune.

Plusieurs voix. — On n'entend pas.

*M. le président*, après avoir agité long-temps la sonnette : Messieurs, il n'y a pas de délibération possible dans ce bruit; je suis obligé de le dire à la Chambre; il m'est impossible de remplir mes fonctions.

*Un député*, debout sur les degrés qui séparent

le côté droit du centre : Faites-les remplir par un autre.

*M. le président*, lorsque le calme est rétabli, indique de nouveau la manière de voter sur la pétition.

Un de MM. les secrétaires fait l'appel nominal. Plus de trente noms ont été appelés, sans que personne se soit présenté pour déposer son vote[1]. Enfin l'opération se termine, et lorsque MM. les secrétaires en ont fait connaître le résultat à M. le président, une expression d'hilarité se remarque sur la figure de M. de la Boulaye, qui se trouve en ce moment à la tribune.

M. le président donne lecture du résultat du scrutin. Nombre des votans, 280 ; boules blanches, pour l'ordre du jour, 143 ; boules noires, 137. La Chambre passe à l'ordre du jour. (Mouvement marqué de satisfaction à droite.)

(1) On a remarqué qu'un assez grand nombre de membres du côté gauche n'assistaient pas à la séance.

## LETTRE

De MM. Bissette et Fabien, sur le rapport de M. de la Boulaye. (27 avril.)

*A M. le rédacteur du* Courrier français.

Paris, 27 avril 1828.

Monsieur,

Il ne nous appartient pas sans doute de juger les paroles qui sont proférées à la tribune de l'une ou l'autre Chambre, mais il doit nous être permis de relever les erreurs graves qui peuvent être commises quand il s'agit de l'honneur et de la liberté.

M. de la Boulaye a dit qu'une pétition par nous adressée à la Chambre des pairs en 1826 avait été écartée par l'ordre du jour. Il est vrai que la commission de la Chambre des pairs, sur le rapport de M. le comte de Cornet, qui avait été trompé sur les faits par un mémoire remis clandestinement par l'ex-ministre de la justice Peyronnet, avait proposé l'ordre du jour, quoiqu'en termes beaucoup plus favorables à notre cause que ceux du rapport de M. de la Boulaye à la Chambre des députés. Nous n'étions encore que des condamnés, et cependant le noble pair disait « que nous avions éprouvé, non toute la « rigueur des lois en vigueur dans la colonie de la « Martinique, mais tout ce que la différence de cou- « leur et le sentiment de leur sûreté personnelle « avaient pu inspirer de terreur aux colons blancs « et même à des magistrats. »

Ainsi notre condamnation était une injustice, car sans doute ce n'est pas d'après la terreur qu'on cherche à leur inspirer que des magistrats doivent prononcer, surtout en matière criminelle, sans quoi les arrêts ne seraient plus que l'œuvre des partis. Le noble rapporteur ajoutait « que les voies de la jus- « tice allaient enfin nous être ouvertes, et comme « le présent jalonne presque toujours l'avenir, il « présageait que nous serions bientôt rendus à nos « familles; » ce qui est en effet arrivé bientôt après. Cependant ses conclusions ont été rejetées par la Chambre, après que M. le duc de Broglie, dans un discours très éloquent, eut relevé plusieurs erreurs de fait, que d'ailleurs M. le comte de Cornet s'est empressé de reconnaître par une lettre du 19 mai 1826. Notre pétition fut renvoyée au ministre de la marine. Comment M. de la Boulaye ose-t-il affirmer qu'elle fut écartée par un ordre du jour?

M. de la Boulaye a dit que nous n'avions pas à nous plaindre, parce que nous n'avions pas été envoyés au bagne; comme si on pouvait envoyer aux galères des individus qui sont en instance devant la Cour de cassation. Puisque M. de la Boulaye croyait pouvoir entrer dans ces détails étrangers à la pétition, il ne lui manquait plus que d'approuver la flétrissure dont nous avons été frappés avant le jugement de notre pourvoi.

M. de la Boulaye a dit « que le retard dans l'en« voi des pièces ne concernait que les autorités judi« ciaires des colonies, et que M. de Peyronnet y « était totalement étranger. » L'arrêt de condamnation et la requête en pourvoi sont parvenus au ministre de la marine et des colonies dès le commencement de mai 1824, et ces pièces n'ont été transmises à la Cour de cassation que le 17 janvier 1826.

M. de la Boulaye dit « que la conduite de l'ex« garde-des-sceaux a été conforme aux lois. » Mais M. Benjamin-Constant a rapporté le texte de la loi, qui ne permet pas de garder ces pièces plus de vingt-quatre heures. Est-ce le ministre de la marine, est-ce le garde-des-sceaux qui devait saisir la Cour de cassation? ou bien était-ce nous-mêmes?

Nous nous sommes adressés à la Cour de cassation, qui par suite du précédent adopté dans l'affaire de l'infortuné lieutenant-colonel Caron, a refusé en 1824 de recevoir ces pièces, si elles ne lui étaient transmises par le ministre de la justice. Nous nous sommes adressés, les 9 et 10 mai 1824, aux ministres de la marine et de la justice, qui non-seulement n'ont pas transmis ces pièces à la Cour seule compétente pour statuer, mais encore ont refusé d'en accuser réception, selon la loi et selon l'usage.

Le ministre, dit M. de la Boulaye, « doutait que « notre arrêt fût susceptible de cassation, parce qu'à « l'île Bourbon il n'y a pas encore eu d'exemple d'un « arrêt cassé. » Est-ce donc que les ministres étaient nos juges ? Dans ce cas il faudrait supprimer la Cour de cassation.

« Il existait peut-être aussi d'autres motifs que le « ministre ne pouvait pas faire connaître à la tribune, « de ne pas renvoyer notre pourvoi à l'autorité « compétente ; il y avait peut-être du danger à ad- « mettre ce pourvoi. » C'est peut-être la première fois qu'un homme public s'est laissé entraîner pour justifier les ministres, jusqu'à dire qu'il y a du danger à acquitter un individu faussement accusé. Quelle idée, grand Dieu ! veut-on donner de l'état des colonies ! Si le sacrifice des innocens est nécessaire à leur sécurité, qu'on procède contre eux militairement et sans aucune solennité, comme on le fait souvent pour les esclaves, mais du moins que la magistrature reste toujours pure, et que sa protection soit surtout accordée aux faibles contre les circonstances du moment.

Nous ne disons rien de la brochure qui a été le prétexte du procès, ni de l'adresse impudente au gouverneur Donzelot, signée par plusieurs des commissaires de paroisses, et par laquelle ils déclarent au représentant du roi qu'il eût à bien faire comprendre au gouvernement de Sa Majesté qu'ils étaient fermement résolus à repousser par la force des armes toute espèce de modification aux réglemens coloniaux qui sont leur ouvrage, et qui ont dérogé au Code noir. Ceci peut répondre en passant à l'éloge pompeux que M. Boscal de Réals a fait à la Chambre de la fidélité de ces colons au roi et à la France.

Cette discussion pourra se reproduire une autre fois devant la Chambre.

Agréez, etc. Bissette, Fabien fils.

---

## RECTIFICATION

Du procès-verbal de la séance de la Chambre des Députés du 26 avril, sur la proposition de M. B.-Constant.

(Séance du 28 avril 1828.)

Aussitôt après la lecture du procès-verbal, M. Benjamin-Constant, qui l'avait très attentivement écoutée, demande la parole. L'honorable membre réclame contre une omission importante; il rappelle que dans la séance de samedi dernier, en appuyant la pétition de MM. Bissette et Fabien fils, et en réponse à M. le rapporteur, qui a dit que la Chambre des pairs avait passé à l'ordre du jour sur une pétition semblable, il avait positivement déclaré que la Chambre des pairs, au contraire, avait rejeté l'ordre du jour et renvoyé la pétition à M. le ministre de la marine. M. le rapporteur cependant a insisté dans sa réplique, et a encore affirmé le fait, indiquant ainsi la route que nous devions suivre et qui nous était tracée, en quelque sorte, par l'exemple de la Chambre des pairs. J'ai cru un instant que j'avais commis une erreur; j'ai consulté *le Moniteur*, et j'y ai vu rapporté, que le 6 mai 1826, la Chambre des pairs avait rejeté l'ordre du jour.

Le procès-verbal ne mentionne pas cette réfutation, qui cependant est très essentielle; car il s'agit d'un fait important sur lequel la Chambre a été induite en erreur, et dont l'exacte connaissance peut-être l'aurait engagée à voter autrement; il est bon qu'on sache que la Chambre des pairs n'a pas repoussé la demande des malheureux hommes de couleur; qu'après une discussion longue et sérieuse, et malgré les conclusions de M. le rapporteur, elle a trouvé que la chose était assez grave, qu'elle touchait d'assez près aux droits des citoyens pour ne pas la traiter avec dédain, et qu'elle a renvoyé la pétition au ministre. Je demande l'insertion de ce fait au procès-verbal. (A gauche : Appuyé.)

*M. de la Boulaye* : Je suis heureux que l'honorable préopinant me fournisse l'occasion de donner une explication qui convient à ma loyauté.

J'ai lu ce matin dans les journaux une lettre de MM. Bissette et Fabien, qui réclament contre l'assertion dont il s'agit. J'ai relu mon rapport, et il m'a confirmé dans cette idée qu'en parlant de l'ordre du jour je n'avais fait allusion qu'à ce qui concernait M. le garde-des-sceaux. Et en effet, c'est seulement au ministre de la marine que la Chambre des pairs a renvoyé la pétition, et c'est relativement au garde-des-sceaux qu'il a été passé à l'ordre du jour. (On se récrie à gauche. — Plusieurs voix : Votre assertion n'en était pas moins inexacte.)

La rectification réclamée par M. Benjamin-Constant est mise aux voix et unanimement adoptée.

---

## LETTRE.

De MM. Bissette et Fabien sur les explications données à la Chambre par M. de la Boulaye.

---

*A M. le rédacteur du* Constitutionnel.

Paris, ce 29 avril 1828.

Monsieur,

M. le vicomte de la Boulaye n'est pas, quoi qu'il en dise, très heureux dans les explications qu'il déclare importer à sa loyauté ; il a relu son rapport, et il a vu que sa phrase, relative à l'ordre du jour, n'avait pas été comprise. Sa phrase, telle qu'elle est au *Moniteur* du lundi 28, était claire : « Les conclu-« sions du rapport de M. le comte de Cornet écar-

« taient, par l'ordre du jour, tout motif d'accusation « contre M. le précédent garde-des-sceaux. »

Cette assertion est complètement fausse; toutes les conclusions du rapport de M. Cornet ont été rejetées par la Chambre des pairs, sans aucune distinction, après que M. le duc de Broglie eût rappelé les torts de ce ministre à notre égard.

M. de la Boulaye répondant à la demande de rectification, affirme de nouveau que quant à M. le garde-des-sceaux, la Chambre a passé à l'ordre du jour; et il en conclut qu'il n'a pas voulu induire la Chambre en erreur. Nous ne jugeons pas les intentions de M. de la Boulaye, quoique nous eussions quelques droits de nous étonner de l'approbation qu'il a donnée à une détention illégalement prolongée : nous sentons tout le prix de la liberté, et nous savons par expérience que l'on n'est point *passablement en prison*, avec des peines d'esprit et de corps, dans un climat qui, en trois années, a fait périr à lui seul quatorze de nos compatriotes, sur quinze qui y ont été envoyés de la Martinique.

Au reste, puisque, de l'aveu de M. de la Boulaye, notre plainte ne peut concerner que les tribunaux et nullement la Chambre; et puisqu'on ne peut plus contester les faits que nous avons allégués sur la rétention de notre pourvoi par M. le comte de Peyronnet, au moins depuis le 16 juin 1824, date du renvoi de ces pièces par le marquis de Clermont-Tonnerre, jusqu'au 17 janvier 1826, nous introduisons contre l'ex-garde-des-sceaux une action en dommages et intérêts, sur laquelle nous défions à l'avance toute contradiction.

Agréez, etc. BISSETTE, FABIEN fils.

## CITATION

A la requête de MM. Bissette et Fabien contre M. de Peyronnet.

(Audience de la juridiction de paix, 13 mai 1828.)

« Attendu en fait que les requérans ont adressé, le 10 mai 1824, au département de la justice, alors dirigé par M. le comte de Peyronnet, une requête contenant pourvoi en cassation contre un arrêt de la Cour royale de la Martinique, du 10 janvier précédent, qui les avait condamnés à une peine afflictive et infamante, ainsi que le sieur Volny;

« Attendu que cet arrêt était vicieux en la forme, et que, dans le rapport fait à la Chambre des pairs par M. le comte Cornet, au nom d'une commission spéciale, le 6 mai 1826, il a été dit qu'on avait fait éprouver aux requérans, *non pas toute la rigueur des lois en vigueur dans la colonie, mais tout ce que la différence de couleur et le sentiment de leur sûreté personnelle avaient pu inspirer de terreur aux colons blancs* ET MÊME A DES MAGISTRATS, et qu'en conséquence la Chambre des pairs a renvoyé la pétition à M. le ministre de la marine, auteur lui-même de l'arbitraire duquel ils s'étaient plaints dans leur pétition à la Chambre;

« Qu'en effet l'arrêt dont il s'agit a été cassé le 30 septembre 1826 par la Cour suprême et en la forme, pour violation manifeste des lois du royaume en vigueur dans la colonie et des principes de justice éternelle, qui ne veulent pas que la même personne soit en même temps accusateur et juge;

« Qu'il a été réformé sur le fond par la Cour royale de la Guadeloupe, par son arrêt du 28 mars 1827;

« Attendu que le pourvoi en cassation contre l'arrêt du 10 janvier 1824 était autorisé par la loi, puisqu'il a été admis par la Cour suprême le 27 janvier 1826;

« Attendu qu'il l'était aussi par l'usage et par la jurisprudence, puisque par arrêts des 27 octobre 1814 et 10 décembre 1818 (affaire Bascher de Boisgely de la Guadeloupe), notifiés à son département, il a été reconnu que le pourvoi en matière de grand criminel était admissible à l'égard des colonies, comme il l'est encore aujourd'hui par l'ordonnance du 4 juillet 1827;

« Attendu que d'ailleurs la question de l'admissibilité du pourvoi n'était pas de la compétence du ministre, mais de celle des tribunaux, et qu'aux termes de l'art. 424 du Code d'instruction criminelle, l'intervention du ministre doit se borner à l'enrégistrement des pièces qui lui sont adressées, pour tenir note des affaires dans l'intérêt général de l'administration de la justice; que la loi ne lui laisse pas la faculté de conserver les pièces, puisqu'elle lui recommande de les transmettre dans les vingt-quatre heures;

« Que ces principes ont été rappelés au ministre, par requête du 12 mai 1824, avec demande d'accusé de réception;

« Que cet accusé de réception ne leur a point été donné, malgré l'usage inviolablement observé à cet égard dans toutes les autres affaires, notamment dans l'affaire Rollande, de la Martinique; qu'ainsi le silence de M. de Peyronnet est inexcusable, et ne peut être imputé qu'à l'intention de les opprimer et de supprimer leur pourvoi par son intervention illégale;

« Que cette intention est de plus en plus manifestée par les démarches faites auprès de lui sans succès par M. Chauveau-Lagarde, l'un des deux défenseurs des requérans, qui sera entendu à ce sujet en cas de dénégation, ainsi que M. de Vatimesnil, alors secrétaire général du ministère de la justice;

« Que le 8 juillet, M. de Peyronnet, sur une interpellation à lui adressée par un journal du matin, a fait insérer dans *l'Étoile*, journal de la chancellerie, la note suivante:

« Les pièces de ce procès n'ont été adressées à ce ministre (le garde-des-sceaux) ni par les magistrats, ni par les condamnés, ni par leurs amis. »

« Que cette dénégation est démentie par l'enregistrement au secrétariat de la chancellerie, sous le numéro 4484, à la date du 10 mai, de la requête en pourvoi et de l'arrêt de condamnation;

« Que M. de Peyronnet a été averti de l'erreur que l'on prétend qu'il a commise sur l'admissibilité du pourvoi en matière de grand criminel, par l'arrêt prononcé le 15 juillet par la Cour de cassation dans l'affaire Darrac envers un arrêt du conseil supérieur de Pondichéry; qu'il l'a été encore le 11 juin 1825 par un arrêt de la même Cour, sur le pourvoi du sieur Rollande envers un arrêt de la Cour de la Martinique, dont M. de Peyronnet lui-même avait transmis les pièces à la Cour de cassation; que cependant il a persisté à retenir les pièces jusqu'au 17 janvier 1826, qu'il n'a cédé alors qu'à une réclamation du 27 décembre 1825, à lui adressée par Me Isambert, autre défenseur des requérans, qui lui déclara qu'il ne pouvait pas s'empêcher d'appeler de son refus à la publicité et à la Chambre des pairs, et lorsqu'il sut que la Chambre des pairs était saisie de la plainte et que M. le comte Portalis, alors président de la chambre criminelle de la Cour de cassation, avait annoncé verbalement aux défenseurs qu'il recevrait leur requête;

« Que par cet acte arbitraire et par usurpation manifeste d'un pouvoir qui ne lui appartenait pas, M. le comte de Peyronnet a prolongé la détention des requérans, pendant vingt-un mois, qu'il a laissé dépérir les preuves qui auraient servi à leur justifica-

4

tion devant la Cour de la Guadeloupe, qu'il les a fait long-temps désespérer de la justice de la métropole, qu'il a consommé la ruine des établissemens commerciaux de deux pères de famille;

« Que vainement on objecterait que les exposans devaient s'adresser directement à la Cour de cassation, puisque, dans l'affaire du lieutenant-colonel Caron, cette Cour a rejeté un pourvoi qui lui était ainsi présenté, et puisque d'ailleurs ils se sont vainement adressés à elle dès le mois de juin 1824, que M. le conseiller Olivier, président par *intérim*, refusa alors de recevoir la requête imprimée de M. Chauveau, qu'elle est restée au greffe jusqu'à ce que le ministre ait, le 17 janvier 1826, saisi la Cour pour la transmission officielle de l'expédition de l'arrêt de la Cour de la Martinique, qui était dans ses mains depuis près de deux ans, ainsi que le prouve la date de la légalisation;

« Que vainement encore on dirait que les requérans devaient s'adresser exclusivement au ministre de la marine; puisque, d'une part, on ne parle que du ministre de la justice, et que, d'autre part, les requérans se sont adressés au ministre de la marine les 18 et 20 avril, et le 9 mai 1824, ainsi que cela résulte des lettres de M. le comte de Chabrol, en date des 30 mai, 17 juillet, et 8 août 1826;

« Que vainement enfin on dirait, pour excuser M. le comte de Peyronnet, qu'il a transmis les pièces en question au ministre de la marine le 14 mai, presque aussitôt après les avoir reçues ; qu'en effet son devoir était de les adresser à la Cour de cassation, seule autorité indiquée par la loi, ainsi qu'il a été obligé de le faire plus tard, le 17 janvier 1826 ; que, s'il croyait l'intervention du ministre de la marine légale dans une matière qui ne comportait pas cette intervention, il devait en avertir les requérans ou leurs défenseurs, pour qu'ils pussent faire auprès du ministre de la marine les démarches nécessaires pour empêcher tout retard dans l'administration de la justice criminelle ;

« Qu'au reste il n'est pas vrai, comme on l'a dit, que M. de Peyronnet se soit dessaisi des pièces qui lui avaient été adressées. Il avait conservé la requête du 12 mai 1824, qui aurait éclairé le ministre de la marine sur les conséquences du principe établi par l'art. 424 du Code d'instruction criminelle. L'aveu de cette rétention de pièces est consigné dans la lettre de M. le comte de Peyronnet du 12 août 1826. Au reste, la requête du 10, que M. de Peyronnet dit avoir adressée à son collègue, le ministre de la marine, est restée, comme celle du 12 mai, dans ses mains. C'est ce qu'atteste M. le comte de Chabrol par sa lettre du 8 août 1826. Ainsi, M. le comte de Peyronnet a fait une assertion mensongère. Le ministre de la marine a ignoré qu'il y eût intervention de nos avocats pour saisir la Cour de cassation de requêtes auxquelles nous n'avions pu donner la forme légale.

« Enfin, pour ne laisser aucun doute sur le quasi-délit imputé à M. de Peyronnet, pour établir que les pièces sont restées dans ses mains, et non dans celles du ministre de la marine, nous représenterons la lettre écrite à nos défenseurs par M. le comte de Chabrol le 24 mai 1826, dans laquelle ce ministre atteste que, si son département a reçu le 14 mai transmission des pièces nous concernant, M. le marquis de Clermont-Tonnerre, son prédécesseur, avait expédié ces mêmes pièces, le 16 juin 1824, au département de la justice, et qu'il en avait écrit au procureur-général.

« Nous ajouterons qu'à cet envoi du 24 février était jointe l'expédition manuscrite de l'arrêt par nous attaqué, légalisée par M. le comte Donzelot, à la date de notre départ de la Martinique; qu'ainsi notre requête et l'arrêt auraient mis la Cour de cassation à même de statuer dès lors et d'ordonner l'apport du reste des pièces de la procédure, comme elle l'a fait vingt et un mois plus tard, le 27 janvier 1826.

« Que de tous ces faits il résulte la preuve évidente que le jugement de notre pourvoi a été retardé, non par les autorités locales de la Martinique, ou par le fait du ministre de la marine, comme on l'a dit à la Chambre des députés par erreur, le 26 de ce mois, mais par le fait et par la volonté persévérante et la mauvaise foi de M. le comte de Peyronnet, qui voulait nous empêcher de faire déclarer notre innocence.

« Attendu, en droit, qu'aux termes des art. 1382 et 1383 du Code civil, au chapitre des délits et quasi-délits, tout fait quelconque de l'homme qui cause à autrui un dommage, oblige celui par la faute duquel il est arrivé, et que chacun est responsable des dommages qu'il a causés, non-seulement par son fait, mais encore par sa négligence ou par son imprudence ;

« Attendu que les fonctionnaires publics ne sont affranchis de cette responsabilité qu'autant qu'ils ont procédé conformément aux lois (art. 112 du Code d'instruction criminelle) ; qu'à l'égard des magistrats il a été plusieurs fois jugé que la faute grave devait être assimilée au dol, surtout lorsqu'ils ont excédé les bornes de leur compétence et usurpé un pouvoir que la loi ne leur accordait pas, que le déni de justice est mis au nombre des causes légitimes de la prise à partie, et que, dans l'espèce, il y a eu dol personnel de M. le comte de Peyronnet, déni de justice et usurpation d'un pouvoir que l'art. 424 du Code d'instruction criminelle lui déniait expressément ;

« Attendu que si les fonctionnaires de l'ordre administratif ne peuvent être poursuivis même à fins civiles devant les tribunaux sans l'autorisation du conseil d'État, aux termes de l'art. 75 de la constitution abrogée du 22 frimaire an VIII, il ne s'ensuit qu'un privilége spécial qui ne saurait être étendu à ceux qui ne sont pas agens du Gouvernement, mais qui forment le Gouvernement lui-même; qu'il serait absurde de prétendre que le conseil d'État nommé par les ministres et le garde-des-sceaux, qui contresigne les ordonnances de mises en jugement des fonctionnaires, ait le droit de faire acte de juridiction sur un ministre, et que ces principes ont été confirmés dans toute leur étendue, par ordonnance royale du 25 juin 1817, à l'égard du duc de Rovigo;

« Que le privilége accordé par la Charte aux ministres est celui de ne pouvoir être accusés que par une Chambre et jugés par l'autre; que les requérans ayant dénoncé les faits dont il s'agit à la Chambre des députés, cette Chambre, dans sa séance du 26 avril 1828, après deux épreuves, a décidé au scrutin qu'il n'y avait lieu de considérer la pétition comme dénonciation de faits pouvant rentrer dans le cas de concussion ou de trahison envers l'État, pour lesquels seuls les ministres deviennent justiciables des Chambres; que l'on a pensé dans la Chambre que l'action civile devant les tribunaux était ouverte aux requérans;

« Que cette opinion est conforme à celle émise dans la même Chambre en août 1824, lors de la discussion du projet de résolution sur la responsabilité des ministres, art. 9;

« Que l'art. 121 du Code pénal ne défend aux juges de prononcer sur les demandes formées contre les ministres que quand il s'agit de poursuites criminelles pouvant compromette leurs *personnes* ;

« Que les fins de la présente demande ne tendent pas même à l'exercice de la contrainte par corps contre M. le comte de Peyronnet, et qu'ainsi il ne saurait alléguer le privilége de la pairie dont il est revêtu ;

« Par ces motifs les réquérans concluent à ce que M. le comte de Peyronnet soit condamné à payer à chacun d'eux 100,000 fr. de dommages-intérêts pour le tort personnel qu'il leur a causé, et pour l'atteinte à leur crédit en faisant croire que leur pourvoi ne serait pas admis, et qu'ils étaient perdus pour leurs familles et pour leurs établissemens, et pour en outre se voir condamner aux dépens. »

Le 13 mai, MM. Bissette et Fabien se sont rendus devant M. le juge de paix. M. de Peyronnet n'y est point venu en personne; mais il a envoyé M. Théodore Delpech, qui s'est dit fondé de pouvoirs de *sa seigneurie* M. Pierre-Denis, comte de Peyronnet, pair de France, ministre d'État, membre du conseil privé, et qui a fait en son nom, et signé la déclaration suivante :

« Quoiqu'il soit *malheureusement* impossible à « M. de Peyronnet de reconnaître la juridiction de« vant laquelle on l'a appelé, il ne veut pas cepen« dant différer d'avertir les auteurs de la demande « qu'ils ont été induits en erreur et qu'il n'a jamais « ni retenu lui-même, ni prescrit ou permis à aucun

» employé de la chancellerie de retenir les pièces « de la procédure qui les concernait. »

Sur quoi M. le juge-de-paix a donné acte aux parties de leur comparution, réquisitions et réserves respectives; et, attendu qu'il n'a pu parvenir à les concilier, les a renvoyées à se pourvoir devant les juges qui en doivent connaître. »

---

## AUDIENCE

du 20 juin 1828.

Affaire de MM. Bissette et Fabien contre M. de Peyronnet.

TRIBUNAL CIVIL. — 1re CHAMBRE.

(Présidence de M. Moreau.)

M. Champanhet, avocat du Roi, ayant déclaré qu'il se proposait d'opposer l'imcompétence, la cause ne s'est engagée aujourd'hui que sur cette exception.

Me Mérilhou, avocat des demandeurs, a pris la parole en ces termes :

« MM. Fabien et Bissette ont déjà acquis une malheureuse célébrité. Chacun sait qu'ils furent condamnés, ainsi que Volny et plusieurs autres hommes de couleur, à des peines afflictives et infamantes par la Cour royale de la Martinique, pour avoir distribué dans la colonie une brochure qui circulait librement à Paris. Chacun sait que, depuis, leur innocence, appréciée par la Chambre des pairs, a enfin été reconnue, et pourtant je dois ajouter qu'ils subiren immédiatement tout ce que leur condamnation avait d'irréparable. Le greffier refusa de recevoir leur pourvoi, et ils furent embarqués, les uns pour aller mourir au Sénégal, et les autres pour terminer leurs jours dans les bagnes de la métropole.

« Arrivés à Brest, en avril 1824, Fabien, Bissette et Volny renouvelèrent leur déclaration de pourvoi. Ils s'adressent d'abord au commandant de la marine; celui-ci leur répond qu'ils doivent employer les voies judiciaires. Ils envoient leurs pièces à Me Isambert, qui les remet au ministre de la justice, en y joignant une lettre par laquelle il demande à *Sa Grandeur* de vouloir bien faire passer le dossier à la Cour de cassation, dans les vingt-quatre heures, conformément aux lois, et lui en accuser réception.

« Cependant les vingt-quatre heures sont écoulées, et Me Isambert n'a pas de récépissé, et aucunes pièces ne sont parvenues à la Cour de cassation. Me Isambert adresse une pétition à *Sa Grandeur;* la pétition reste sans réponse.

« En juillet 1824, *le Constitutionnel* et d'autres journaux reprochent à M. de Peyronnet de n'avoir pas transmis à la Cour de cassation le pourvoi des hommes de couleur; M. de Peyronnet fait répondre par *l'Étoile*, copiée le lendemain par le *Moniteur,* qu'il n'y a jamais eu de pourvoi formé. Qui aurait pu croire qu'au moment où il donnait ce démenti il avait les pièces depuis le 10 mai; car je prouverai tout à l'heure qu'il les avait reçues, et que c'est bien sciemment qu'il les a retenues.

« Néanmoins les années s'écoulent, et les années sont longues dans les bagnes! Me Chauveau-Lagarde, associé de bonne heure à la défense, avait lui-même reconnu l'inutilité de ses nombreuses réclamations. Enfin Me Isambert, pour vaincre l'obstination d'un ministre, qui osait s'interposer ainsi entre des malheureux et les magistrats dont ils invoquaient la justice, écrit à M. le comte de Peyronnet, à la date du 27 décembre 1825, qu'il va publier son refus et le porter à la connaissance de la Chambre des pairs. C'est alors que M. de Peyronnet voyant qu'il va sérieusement être obligé de rendre compte de sa conduite, écrit cette lettre, que nous avons conservée, et par laquelle il annonce qu'il a envoyé au ministère de la marine le pourvoi qui lui a été remis, le 10 mai 1824. C'est alors aussi que les pièces furent enfin envoyées à la Cour de cassation, après vingt et un mois de détention subie provisoirement.

« La Cour de cassation, vous le savez, a cassé l'arrêt de la Cour royale de la Martinique et renvoyé la cause devant la Cour de la Guadeloupe, qui nous a fait justice. Mais elle ne pouvait pas réparer le tort immense qui avait été fait aux demandeurs.

« Les dommages-intérêts, pour détention arbitraire, ne peuvent pas être, d'après l'art. 117 du Code pénal, au-dessous de 25 fr. par jour. Fabien et Bisette ont été arbitrairement détenus durant 629 jours ; leur maison de commerce est anéantie, leurs espérances de fortune sont perdues, et ils réclament pour chacun d'eux 100,000 fr. de dommages-intérêts.

« M. de Peyronnet allègue, il est vrai, des circonstances qui, suivant lui, devraient servir d'excuses ; nous prouverons qu'il est inexcusable ; mais ce n'est pas le moment, et je ne dois m'occuper que de la compétence. »

Me Mérilhou fait remarquer d'abord qu'il n'accuse M. de Peyronnet ni de trahison, ni de concussion, ni d'aucun crime ou délit déterminé. Tout ce qu'il lui reproche, c'est d'avoir, par négligence ou malveillance, peu importe, causé un dommage à ses cliens ; tout ce qu'il lui demande, c'est de le réparer autant que faire se peut.

Ce fait posé, l'orateur examine la législation sur la responsabilité des ministres ; il rappelle la condamnation du chancelier Poyet prononcée en 1545 par le parlement, dans des circonstances analogues à la cause présente. Parcourant ensuite les diverses constitutions de 91, de 95 et de l'an VIII, il prouve que, d'après ces lois, les ministres étaient responsables, non-seulement des crimes qu'ils pouvaient commettre contre la sûreté de l'État, mais encore des abus dont ils pouvaient se rendre coupables envers les particuliers ; il est vrai qu'on ne pouvait alors les poursuivre par la voie criminelle sans l'autorisation du conseil d'État ; mais le défenseur voit dans ces mots : *par la voie criminelle*, une restriction qui laisse dans le droit commun la poursuite à fins civiles. Enfin, depuis la Charte qui, d'un commun accord, n'a abrogé dans les lois antérieures que ce qui lui était contraire, et qui, par conséquent, ne peut pas être considérée comme ayant diminué l'étendue de la responsabilité des ministres, il n'y a de voie d'exécution tracée que pour les crimes publics : la trahison et la concussion; la réparation des abus commis par les ministres contre les particuliers doivent donc nécessairement et à défaut d'autre mode fixé par les lois, être poursuivie comme toute demande en dommages-intérêts devant les tribunaux ordinaires, toujours compétens lorsqu'une loi spéciale n'a pas restreint leur juridiction.

Me Mérilhou cite à l'appui de cette doctrine une ordonnance rendue en 1817, et par laquelle il a été déclaré que le conseil d'état était incompétent pour autoriser le comte de Pape à poursuivre le duc de Rovigo, à raison de papiers que celui-ci, étant ministre de la police générale, avait fait saisir chez le réclamant dans les villes anséatiques.

« Voyez donc, Messieurs, dit en terminant Me Mérilhou, quelles seraient les conséquences du jugement par lequel vous vous diriez incompétens. Le conseil d'état est incompétent pour nous autoriser; il l'a jugé ainsi, comme vous venez de le voir. Nous nous sommes adressés à la Chambre des députés; elle est encore incompétente; la constitution ne lui permet de poursuivre que dans le cas de trahison ou de concussion. Si nous nous adressons à la Chambre des pairs, la Chambre des pairs nous répondra qu'elle n'a de compétence pour juger un ministre que sur la mise en accusation de la Chambre des députés; à qui faudra-t-il donc porter nos plaintes et demander justice? Il n'y a plus que vous, Messieurs, et vous seriez incompétens! il y aurait donc dans un pays civilisé des crimes favorisés, des abus à l'abri de toute atteinte! Il y aurait en France des coupables protégés par les lois, des victimes dont la plainte ne pourrait pas trouver un juge! On dit que l'ordre public s'oppose à ce que les Cours et tribunaux viennent s'immiscer dans les actes de l'administration; mais ce n'est pas là ce que nous vous demandons. Que le Gouvernement agisse sans entraves, que rien ne l'arrête. Mais si ses agens violent les lois, s'ils détiennent arbitrairement un citoyen, sans frapper la personne du coupable, condamnez-le du moins à réparer le mal réparable; le pouvoir exécutif ne fera qu'y gagner, et vous rendrez tout à la fois service aux gouvernans et aux gouvernés. »

M. de Peyronnet faisait défaut.

M. l'avocat du roi a donné ses conclusions tendant à ce que le tribunal se déclarât incompétent.

« A Dieu ne plaise, dit ce magistrat, que la faute grave d'un fonctionnaire, quelque haut placé qu'il soit, puisse demeurer impunie; la responsabilité des ministres est la condition du Gouvernement constitutionnel, et nous sommes loin de vouloir en affaiblir les conséquences ; mais tel n'est pas l'objet de la discussion actuelle. Ce dont il s'agit, c'est de savoir si l'action est valablement intentée devant vous, et la question de compétence intéresse aussi sans doute assez l'ordre public pour qu'il ne nous appartienne pas de la passer sous silence.

« M. le comte de Peyronnet, ex-garde-des-sceaux, est assigné devant vous en cette qualité, et c'est pour un fait qu'on soutient lui être personnel en cette qualité, qu'on réclame contre lui des dommages-intérêts considérables. Les demandeurs sont-ils recevables? C'est là tout ce que nous voulons examiner, nous interdisant, quant à présent, toute excursion dans ce qui constitue le fond du procès. »

M. l'avocat du roi établit d'abord en fait que, conformément aux conclusions des demandeurs, la faute reprochée à M. de Peyronnet ne peut lui être imputée qu'en qualité de ministre du roi, et il entre ensuite dans la discussion.

C'est à tort, suivant l'organe du ministère public, que le défenseur a voulu séparer l'action criminelle de l'action civile ; cette division n'existe dans aucune loi, et la constitution de 91, dans son art. 32, ne considère la demande en dommages-intérêts que comme l'accessoire de l'action criminelle ; elle va même jusqu'à les soumettre l'une et l'autre à la prescription de deux ans. D'après la constitution de l'an IV et celle de l'an VIII, il faut l'autorisation du conseil d'Etat pour poursuivre un ministre en place ou hors de place, sans distinction entre les crimes contre l'État et les vexations contre les personnes privées. Ces lois n'ont jamais été abrogées, du moins sous ce rapport; la Charte qui, comme on l'a remarqué, n'indique la voie d'exécution que pour les crimes commis contre l'État, a nécessairement laissé tout le reste sous l'empire des lois antérieures. En vain oppose-t-on une ordonnance de 1817, non insérée au *Bulletin des Lois*, ordonnance d'ailleurs spéciale, et qui ne peut, sous aucun de ces rapports, être considérée comme un monument législatif. Toutes les lois existantes placent les ministres, en cette qualité, dans une classe à part; elles ne distinguent ni les ministres en place des ministres hors de place, ni les délits qui pourraient blesser une personne privée de ceux qui blesseraient l'intérêt public, ni l'action criminelle de l'action civile. Dans tous les cas, l'autorisation du conseil d'Etat, dont le ministre est supposé faire partie, est déclarée nécessaire pour diriger une action contre un ministre en cette qualité.

Resterait sans doute encore à savoir, l'autorisation obtenue, devant quelle autorité l'action devrait être poursuivie, aujourd'hui que la haute Cour à laquelle attribution en était faite sous le précédent Gouvernement, n'existe plus. Mais c'est une question sur laquelle le tribunal n'a pas à prononcer, et que M. l'avocat du roi ne croit pas devoir examiner.

Sur ce point, l'organe du ministère public pense qu'il y a incompétence à raison de la personne; peut-être même pourrait-on soutenir qu'il y a prescription d'après les lois citées; mais ce serait une discussion prématurée; d'ailleurs il y a incompétence à raison de la matière.

M. l'avocat du roi rappelle les lois par lesquelles défense est faite aux Cours et tribunaux de s'immiscer dans les actes de l'administration; il soutient que le reproche adressé à M. de Peyronnet, ne pouvant être dirigé contre lui qu'en qualité de ministre, le fait allégué ne peut être considéré que comme un acte d'administration, qu'il n'est pas permis aux tribunaux d'apprécier. Il n'est pas un acte d'administration qui, si l'on admettait la doctrine des demandeurs, ne pût par quelque côté être traduit devant l'autorité, qui pourtant n'a pas le droit d'en connaître.

Le tribunal, après une demi-heure de délibération, a remis à huitaine pour prononcer le jugement.

---

## JUGEMENT

Du Tribunal civil dans l'affaire de MM. Bissette et Fabien contre M. de Peyronnet.

Audience du 27 juin. — Présidence de M. Moreau.

Le Tribunal a rendu son jugement en ces termes :

Vu l'art. 13 de la loi du 24 août 1790, les art. 30 et 31 de la loi du 27 avril 1791, les art. 10, 11 et 12 de la loi du 10 vendémiaire an IV, les art. 70, 71, 72 et 73 de la constitution du 22 frimaire an VIII, et les art. 101, 110, 112 et 129 du sénatus-consulte du 20 floréal an XII ;

Attendu que de l'ensemble de ces dispositions il résulte :

1° Que les administrateurs ne peuvent, sans autorisation préalable, être cités devant les Tribunaux pour raison de leurs fonctions ;

2° Que l'action en dommages-intérêts pour réparation des torts, causés par des ministres aux particuliers, dans l'exercice de leurs fonctions, ne peut être considérée que comme un accessoire à la poursuite des délits dont ils se seraient rendus coupables ;

3° Que la poursuite des délits imputés à des ministres, dans l'exercice de leurs fonctions, et l'action accessoire en réparation des torts occasionnés par ces délits, ne peuvent être portés devant les Tribunaux que par suite d'une accusation admise contre eux ou par suite d'une autorisation du Gouvernement;

Vu aussi les art. 13, 55 et 56 de la Charte constitutionnelle :

Attendu que si d'après les art. 55 et 56 les ministres ne peuvent désormais être accusés par la Chambre des députés et jugés par la Chambre des pairs que pour fait de trahison et de concussion, il résulte des art. 13 et 68 que pour tout autre fait relatif à leurs fonctions, et pouvant donner lieu à une action en responsabilité contre eux, ils ne peuvent être traduits devant les Tribunaux sans que préalablement les poursuites ou les actions dirigées contre eux aient été autorisées en conformité des lois qui étaient en vigueur à l'époque de la promulgation de la Charte, et qui n'ont pas été légalement abrogées.

Attendu, en fait, que la demande des sieurs Fabien et Bissette a pour objet d'obtenir la réparation des torts qu'ils imputent au comte de Peyronnet, dans l'exercice de ses fonctions de ministre de la justice, et qu'ils ne justifient d'aucune autorisation par eux obtenue pour intenter cette action;

Déclare les sieurs Fabien et Bissette, quant à présent, non-recevables, et les condamne aux dépens.

(Conformément à ce jugement, MM. Bissette et Fabien se sont pourvus au conseil d'État, à fin d'autorisation de poursuivre M. le comte de Peyronnet.)

# ORDONNANCE

Du Conseil d'État sur la requête de MM. Bissette et Fabien contre M. de Peyronnet.

« CHARLES, etc.

« Sur le rapport du contentieux, 2e section,

« Vu la requête à nous présentée par les sieurs « Bissette et Fabien, tendant à ce qu'il nous plaise « autoriser les supplians à poursuivre devant les « tribunaux le comte de Peyronnet, ex-garde-des-« sceaux de France, ministre secrétaire d'État de la « justice, en réparation du préjudice qu'ils préten-« dent avoir éprouvé, par défaut de transmission « de pièces à la Cour de cassation dans les vingt-« quatre heures, selon l'art. 424 du Code d'ins-« truction criminelle, ce qui aurait arbitrairement « prolongé leur détention;

« Vu le titre VI de l'acte du 13 décembre 1799 « (22 frimaire an VIII) et notamment l'art. 75, por-« tant: les agens du Gouvernement, *autres que les* « *ministres*, ne pourront être poursuivis pour les « faits relatifs à leurs fonctions qu'en vertu d'une « décision du conseil d'État;

« Vu toutes les pièces produites;

« Considérant que le conseil d'État n'est pas com-

« pétent pour autoriser les poursuites dirigées contre « un ministre,

« Notre conseil d'État entendu,

« Nous avons ordonné et ordonnons ce qui suit:

« Art. 1er. La requête des sieurs Bissette et Fa- « bien est rejetée.

« Notre garde-des-sceaux, ministre secrétaire « d'État au département de la justice est chargé de « l'exécution de la présente ordonnance.

« Approuvé le 13 août 1828,

« *Signé* CHARLES.

« Par le roi,

« Le pair de France garde-des-sceaux, ministre « de la justice,

« *Signé* C. PORTALIS. »

---

CHAMBRE DES DÉPUTÉS.

## EXTRAIT

De la proposition de M. Labbey de Pompières sur la mise en accusation du ministère Villèle.

(14 juin 1828.)

L'administration de la justice, si une enquête sévère venait en révéler les abus, les violences, les ressentimens, ferait la honte de notre pays, et je sens le besoin de rappeler ici qu'il n'est aucune partie de la nation, aucun corps de l'État qui en ait accepté la solidarité. Loin de là, jamais l'opinion publique ne fut plus vengeresse dans ses arrêts.

Vous n'avez pas oublié, Messieurs, que selon notre droit public, on doit considérer aussi comme fait de trahison tout acte attentatoire à la vie ou à la sûreté des citoyens et aux droits des Français.

Le droit public du royaume était le même avant la Charte.

Le chancelier Poyet fut mis en jugement pour *malversations et injustices faites aux sujets du Roi.* Il fut condamné, le 23 avril 1545, à la dégradation civique, à cent mille francs d'amende et cinq ans de prison. Il mourut, dit Mézerai, accablé de pauvreté et d'ignominie, si malheureux que même en ce pitoyable état il ne faisait point de pitié.

Je prendrai au hasard dans cette administration, quelques faits de détails, quelques faits spéciaux dont on ne peut rappeler le souvenir sans exciter l'indignation.

Le lieutenant colonel *Caron* venait d'être condamné par un conseil de guerre; une requête est adressée au garde-des-sceaux pour être transmise, au nom du condamné, dans les vingt-quatre heures à la Cour de cassation; trois jours après, le 30 septembre, le ministre répond par une audience indiquée au vendredi 5 octobre. Le lundi 1er octobre part de Paris l'ordre télégraphique de mort du lieutenant-colonel. Le mardi *Caron* n'existait plus!

Et son pourvoi n'était pas jugé! et le garde-des-sceaux n'avait pas saisi la Cour de cassation des requêtes à lui adressées! Et son audience n'était remise que parce que lui, garde-des-sceaux, présidait les courses au Champ-de-Mars! Et dès lors une condamnation à une peine capitale est devenue un assassinat!

Ces faits, Messieurs, ont été publiquement exposés devant la Cour de cassation et n'ont reçu aucun démenti. Ils ont éte rappelés dans le procès de notre honorable collègue Kœchlin, et la France entière a frémi de la conclusion de cette affaire.

On avait vû des dépêches télégraphiques devancer des exécutions pour annoncer des graces. On en a vu sous cette administration pour hâter des exécutions, pour devancer des pourvois!

Le 19 septembre 1822, une demande en grace est présentée par le défenseur de quatre sous-officiers impliqués dans la conspiration dite de La Rochelle; ces demandes étaient reconnues régulières dans cette forme. On changea alors de jurisprudence, et sans faire connaître au défenseur qui poursuivait la grace que la signature des supplians était indispensable, on ne statua rien sur la demande, et l'exécution eut lieu le 21.

Ce changement n'a été connu qu'après, par la déclaration du chef de la division criminelle au ministère de la justice et par une circulaire aux avocats à la Cour de cassation, qui leur enjoint de ne plus signer de pareils recours.

Le même ministre n'a pas hésité à se servir du pourvoi abandonné d'un officier malheureux (le lieutenant Bride) pour lui ravir, en matière capitale, le bénéfice de jugemens obtenus, et un recours à la puissance interprétative des lois, quand l'humanité commandait de le prévenir, lui ou son défenseur, de l'usage qu'on pouvait faire de ses propres actes, et de lui faciliter un désistement.

En 1822, M. le garde-des-sceaux a refusé à un avocat de Paris l'autorisation de défendre à Poitiers le général Berton soumis à une accusation capitale; par suite de ce refus l'accusé est resté sans défenseur, puisqu'il récusa M. Drault, nommé d'office.

Rappellerai-je cette déplorable affaire des déportés de la Martinique, ces retards apportés à la justice qui devait leur être rendue, à la liberté qu'ils devaient trouver sur le sol de la France, et cette prison prolongée pendant vingt mois dans les cachots de Brest?

Signalerai-je ces ordonnances attentatoires aux garanties données par la Charte, telles que l'indépendance du jury, l'inamovibilité des juges, le droit de poursuivre les fonctionnaires publics, les libertés du barreau?

Parlerai-je du témoignage de satisfaction donné à *cet obscur* procureur du Roi qui, pour signaler son dévouement à la police, fit traîner d'un bout de la France à l'autre, de prison en prison, de brigade en brigade, un honnête citoyen dont l'homonyme se trouvait inscrit sur les registres de cette infâme institution ?

Comment désignerai-je ces perceptions faites aux sceaux dont le budget ne consacre jamais la légalité et dont la distribution ne paraît point dans les comptes ?

Serait-ce concussion ? serait-ce dilapidation ? ou plutôt ne serait-ce pas l'un et l'autre ?

Mais déjà, Messieurs, vous avez pu vous convaincre et par les projets de loi de ce ministre, et par les faits que j'ai cités, qu'il a attenté et à la constitution du pays et aux droits des citoyens.

J'appelle de toutes mes forces les lumières de la justice sur la plus coupable administration qui fût jamais.

---

## EXTRAIT

Du rapport de M. Girod de l'Ain sur la proposition de mise en accusation des ministres.

Séance de la Chambre des Députés du lundi 21 juillet 1828.

*M. Girod de l'Ain*, rapporteur. La majorité de votre Commission a reconnu en fait :

« 13° Que plusieurs habitans de la Martinique « ont été détenus arbitrairement et déportés illéga- « lement au Sénégal.

« Deux membres ont répondu qu'ils ne pouvaient voter, faute de renseignemens suffisans.

« Un membre a déclaré qu'il était porté à voter pour l'affirmative, mais qu'il avait besoin de voir les pièces officielles.

« 14° Que l'envoi au greffe de la Cour de cassation des pièces de ceux d'entre ces habitans qui s'étaient pourvus, avait été illégalement retardé pendant plusieurs mois.

« Trois membres ont déclaré avoir besoin de renseignemens plus amples pour voter.

« La Commission a posé et résolu les questions suivantes, etc. :

« 14° Y a-t-il trahison, aux termes de la Charte,
« dans les trois faits relatifs à plusieurs habitans de
« la Martinique, et reconnus constans?

Cinq membres ont voté pour la négative.

Un membre [1] a voté pour l'affirmative, pour les motifs suivans :

« Je considère les procédés de l'ancienne admi-
« nistration, ou du moins des ministres sur les-
« quels pèse la responsabilité des colonies, comme
« contraires aux lois et attentatoires à la liberté in-
« dividuelle; et dans l'état de notre législation,
« combiné avec les dispositions de la Charte, je dé-
« clare les attentats à la liberté individuelle un fait
« de trahison.

(1) M. B.-Constant.

« En effet, la législation encore en vigueur em-« pêchant les ministres d'être poursuivis sans auto-« risation pour délits contre des individus ( voir le « jugement du tribunal de première instance, dans « la cause des déportés de la Martinique, jugement « rendu sur les conclusions du ministère public ), « si d'un autre côté ils ne pouvaient être accusés « pour les mêmes délits par la Chambre, l'impunité « leur serait assurée.

« En Angleterre, les ministres sont justiciables « des tribunaux ordinaires s'ils attentaient aux droits « des individus. Ainsi, en 1763, les ministres s'é-« tant permis des actes arbitraires contre M. Wil-« ker, il les traduisit, avec leurs agens, devant les « tribunaux, qui les condamnèrent à des amendes « considérables. Mais en France, les ministres pré-« tendent que ni eux ni leurs agens ne soient justi-« ciables des Tribunaux qu'après l'obtention d'une « autorisation, qu'en réalité, ils sont les maîtres de « refuser ; il s'ensuit que ce qui est en Angleterre « un crime privé dont les tribunaux s'emparent, « devient en France un crime public dont l'accusa-« tion est confiée à la Chambre des députés, et le « jugement à la Chambre des pairs ; car il serait in-« sensé de dire qu'il y a des crimes que, d'une part, « les individus ne peuvent poursuivre, parce qu'ils « n'y sont pas autorisés, et que, d'une autre part, « les Chambres ne pourraient pas poursuivre non « plus, parce qu'ils n'auraient pas été désignés dans

« la Charte comme trahison. Cette combinaison « aboutirait pour ces crimes à un brevet d'impunité, « ce qu'on ne peut admettre. »

Un membre « adoptant ces principes et recon- « naissant que les faits étaient blâmables, a voté pour « la négative, attendu le doute que l'on pouvait « supposer avoir existé dans l'interprétation de la « législation coloniale. »

Deux membres ont conclu à un plus amplement informé.

« En résultat, la majorité de votre Commission a reconnu :

« 10° Que plusieurs habitans de la Martinique « avaient été détenus arbitrairement et déportés illé- « galement au Sénégal.

« 11° Que l'envoi au greffe de la Cour de cassa- « tion des pièces de ceux d'entre ces habitans qui « s'étaient pourvus avait été précédé, accompa- « gné et suivi de faits blâmables. »

---

# PÉTITION

Adressée aux deux Chambres par les hommes de couleur.
(27 janvier 1828.)

NOBLES PAIRS,

MESSIEURS ET TRÈS HONORABLES DÉPUTÉS,

En 1822, nos compatriotes et nous, conçûmes la pensée de réclamer auprès de la Chambre des députés son intervention, pour obtenir la modification des ordonnances coloniales qui nous oppriment, et que les dispositions du Code noir, notamment l'art 59, qui nous déclare égaux aux blancs, fussent remises en pleine vigueur.

Nous en fûmes détournés par la crainte de nuire par la publicité au succès de nos démarches, à cause de l'initiative du Gouvernement et du droit qu'il s'attribue, malgré l'art. 73 de la Charte, de nous gouverner exclusivement par le bon plaisir.

D'ailleurs M. le général Donzelot, alors gouverneur de la Martinique, qui nous avait autorisés et même encouragés à lui exposer nos griefs, et M. le commissaire de justice, baron de la Mardelle, nommé par ordonnance du feu Roi, du 22 novembre 1819, pour entendre les réclamations de toutes les classes d'habitans, nous inspiraient alors une entière confiance.

Nos espérances ont été bien déçues : malgré les gages de fidélité que nous avons donnés en 1822, lors de la révolte des esclaves au mont Carbet, nous avons été, à la fin de l'année suivante, arbitrairement arrêtés par les blancs commissaires des paroisses, signalés comme des conspirateurs dans une adresse menaçante qu'ils firent au Gouvernement, et déportés au nombre de 200, mal ré la généreuse résistance de plusieurs membres du conseil privé, notamment de M. Ricard, ordonnateur. On nous a refusé copie de ces décisions. Le Roi en son conseil les a déclarées *illégales* en novembre 1824. Nous n'avons pas la consolation de posséder cet acte de la justice royale. Nous avons demandé des réparations au moins civiles à M. le général Donzelot. Le conseil d'État n'a pas statué sur nos demandes. Il a commis un acte jugé arbitraire par son souverain, et il jouit de son grade et de ses pensions, tandis que nous gémissons dans les privations et dans la misère !

Sept d'entre nous ont été judiciairement condamnés à des peines afflictives et infamantes par un arrêt du 12 janvier 1824, annulé depuis par la Cour de cassation.

Quel était notre crime ? Uniquement celui d'avoir exercé l'humble droit de pétition, d'avoir revendiqué les droits civils, dont nous sommes dépouillés au mépris de ce qui a été stipulé en notre faveur, même par le code de l'esclavage.

La preuve en est que toutes nos pétitions, et notamment une adresse au Roi et à la Chambre des Députés, qui sont restées en projet, qui n'ont reçu aucune espèce de publicité, sont incriminées par la poursuite du procureur du roi du Fort-Royal, en date du 13 décembre 1823, et qualifiées séditieuses par l'arrêt de la Cour de la Martinique, en 1824.

Le 28 mars 1827, la Cour royale de la Guadeloupe, en écartant par pudeur quelques-unes de ces pièces, a néanmoins maintenu au procès le projet d'adresse, un manuscrit de la main de Volny, intitulé : *Salus populi suprema lex esto*, et la brochure intitulée : *De la Situation des hommes de couleur libres aux Antilles françaises*.

Nous produisons avec les présentes la première et la troisième ; la seconde est restée jointe à la procédure dont il ne nous a jamais été délivré copie ; elle est insignifiante. Vous pourrez juger par vous-mêmes si ces pièces ont le caractère séditieux qu'on leur a attribué ; si elles n'ont pas, au contraire, surtout les pétitions par nous écrites et qui ont été reproduites dans nos mémoires imprimés (p. 108 à 115, 3e partie), cette humilité et ce respect qui conviennent à notre malheureuse position.

Tout a été tenté, soit auprès de l'administration, soit auprès de la Cour de cassation, pour obtenir au moins la désapprobation de la doctrine par laquelle la Cour royale de la Guadeloupe a consacré comme principe constitutif de l'ordre colonial, que le « caractère distinctif qu'imprime la nature ne peut « être effacé, et qu'en accordant aux gens de cou- « leur libres et aux affranchis la jouissance des droits « civils, ces lois exigent que cette classe intermé- « diaire ne perde jamais de vue le respect qu'elle doit « à la classe des blancs, qui lui a conféré le bienfait « de la liberté et de la propriété, et que toute ten- « tative de la part des hommes de couleur pour effa- « cer une distinction créée, dit-on, par la nature « elle-même (c'est-à-dire toute pétition) est un at- « tentat à l'ordre et à la tranquillité publique dans « ces colonies. »

La condamnation étant fondée sur le recueil et la conservation d'écrits contraires à ces principes, et Bissette n'ayant été déclaré convaincu que d'avoir lu et donné communication *en particulier* à quelques amis, de la brochure incriminée, nous espérions que la Cour de cassation annulerait l'arrêt de la Guadeloupe pour violation de l'art. 59 du Code noir, déni de justice et fausse application des lois pénales.

Cette Cour n'a répondu à Fabien, Volny et Bissette que par des fins de non-recevoir ; il ne leur reste plus que le droit de révision.

Si le recours en révision se consomme dans le secret du cabinet des ministres, les principes anti-sociaux écrits dans les arrêts de la Martinique et de la Guadeloupe subsisteront avec toute l'autorité que leur laisse la Cour de cassation.

Qu'a-t-on fait pour nous depuis la restauration? Tandis que dans les colonies anglaises, les hommes de notre couleur obtiennent les droits politiques [1], nous restons privés même des droits civils et des droits de l'humanité.

En 1819, le ministère parut songer à nous; nous avons cru aux promesses qui nous étaient faites; nous avons été les victimes de notre aveugle confiance.

On a bien, par quelques ordonnances (car les ministres ne connaissent que cette voie pour gouverner les colonies), essayé d'établir quelques garanties; mais tout repose sur la volonté des chefs de l'administration. C'est toujours le pouvoir absolu, qu'on a cherché à adoucir en le divisant autant que possible. Quant à nous, qu'y avons-nous trouvé? à Bourbon l'abolition du recours en cassation en matière criminelle, quand on le maintient en matière civile; comme si la vie et l'honneur des citoyens étaient moins précieux que leur argent! Chez nous, ce recours est maintenu; mais avec l'ordonnance de 1670, et son système de preuves muettes, le recours sera interdit aux esclaves, plus exposés cependant à l'arbitraire de la justice coloniale (or-

(1) Ordonnance du gouverneur anglais de la Trinité, rendue sur les *pétitions* des hommes de couleur adressées à lord Bathurst, ministre des colonies (5 janvier 1826).

donnance du 4 juillet 1827, non insérée au Bulletin des lois. )

Il n'y a pas un mot dans ces ordonnances qui soit relatif à l'état des classes ; rien pour soustraire les esclaves aux mauvais traitemens, aux meurtres impunément commis par leurs maîtres, tandis que dans les colonies anglaises on leur donne un défenseur public ; rien pour les hommes de couleur libres, malgré le hideux tableau des vexations dont ils sont les victimes. Les ministres se sont bien gardés de reconnaître aux colonies le droit d'envoyer dans votre sein des hommes indépendans pour vous rendre compte de leurs besoins, comme on l'a vu à toutes les époques de la révolution. Il y a des députés des colonies ; mais ces députés sont institués près le ministère de la marine, et c'est là ( pourquoi le dissimulerions-nous ? ) c'est là que sont rivés les fers dans lesquels nous gémissons.

L'assemblée coloniale nous a accordé en 1792, comme récompense de notre fidélité inviolable, et conformément à l'initiative qui lui avait été réservée par la métropole, les droits politiques dont nos frères jouissent dans les autres établissemens coloniaux. Nous possédons un exemplaire authentique de ce décret, qu'on a eu soin de retrancher du Code de la Martinique, de même qu'on a altéré dans le Code noir le texte de l'article qui confère aux affranchis les mêmes droits qu'à ceux qui sont nés libres. Nous le produisons ici et le conserverons précieusement ; nous défions les créoles de la Martinique de prouver que nous ayons jamais abusé de la concession, ni démérité de leur classe.

Au surplus, ce n'est pas de droits politiques qu'il s'agit. Est-ce un droit politique que celui de succéder et de recevoir par donation ou testament? Est-ce un droit politique que la faculté de donner à dîner à ses amis ou à sa famille sans la permission de personne? Est-ce un droit politique que celui de se livrer aux professions libérales, que le droit de se vêtir de telle ou telle manière, que celui de fréquenter les écoles, les promenades publiques, les théâtres? Est-ce un droit politique que celui d'épouser les personnes de la classe blanche qui veulent bien nous accepter pour époux, ou de marier nos filles à ceux des individus de race blanche, qui par leur amour pour le travail et leur bonne conduite nous paraissent dignes de ce choix?

Les blancs ont écrit dans leurs lois que nous pouvions les instituer nos légataires ou nos donataires, parce qu'alors le bienfait remonte à sa source!

Et de quelle manière remplissent-ils, à l'égard de ceux d'entre nous qui leur sont unis par les liens du sang, les devoirs de la paternité? Est-il sans exemple qu'un blanc ait vendu ses enfans de couleur?

C'est à eux, disent-ils, que nous devons le bienfait de la liberté et de la propriété; mais combien d'entre nous sont nés libres ainsi que leurs pères?

Nous leur devons la propriété, quand ils font du

droit de travailler un monopole, et qu'ils nous interdisent toutes les professions lucratives; quand ils cherchent à nous dégrader en nous refusant les bienfaits de l'éducation? Ce que nous sommes, nous ne le devons qu'à nous-mêmes, à notre courage, à notre persévérance, aux privations de toute espèce que nous ne cessons de nous imposer.

Nous nous adressons donc à vous avec pleine confiance; faites cesser un état de choses si contraire au droit de la nature, de l'humanité, de la justice; nous ne pouvons plus le supporter.

*Par procuration authentique* des 23 et 28 mai 1827, à Castries, île Sainte-Lucie :

De MM. Joseph Baillard, Sébastien-Hylaire Éloy, Louis Montrose, Jean-Louis Binquet, Louis Édouard, François-Jean Sufrin Hébert, Victor Rot, Adolphe Branchet, Constantin Nonone, Pierre Berne Clavier, Elord Saint-Jean, Joseph Dattier, Calixte Percin, Jean Nelson, Balaire Valsein, Jean Elie, Sainte-Rose-Moyse, Prudent Darcilly, P.-J. Toussaint, Numa Mirsa, Lolo Delem, Louis Séraphine, Louis Chou, Jean-François Semery, Mondesir Coupon, Eustache Toussaint, Michel Dufond, Etienne Pascal, Bory, François Lacour, Joseph Château, Michel Guérin, J.-B. Florestan, André Voltaire, Louis Anaclet, Jean-Pierre Amédée,

Tous hommes de couleur, propriétaires et négocians à la Martinique, déportés à Castries.

*Par procuration authentique* du 18 juin 1827, au port d'Espagne, île Trinité.

De MM. Louis Léonce, Pierre-Florent Floreusse, Augustin fils, Cantinol cadet, René-Sainte-Marie Boisnoir, Pierre Monthieu, Titus Marc, Eudoxie Sugnin, Edmond Damian, Darcy Floux, François Évaris, Paul Dubois, Valère Damian, Charles Raymond, Michel-Frédéric-J.-B. Dufresne, Julien Edmond, Louis Rivecourt, Remi Surin, Remi Sainte-Croix, Ferdinand, Charles Baquian, Montlouis Baquian, Constantin Adelaïde, Stylite Désétages, Elisé Dupuis, Louis-Landry, Pierre Bélisaire, Louis Modeste Choux, J.-B.-Christophe Pino, Eustache-Guillaume, Justine Marthrose, Marthe-Élise Justine, Victor Monnier, Timothée Rafin, François Montout, Joseph Laborde, Joseph Mondesir, Jean Caraïbe, J.-C.-M. Ursule, Joseph Ferdinand, Louis Desmartinières, Louison Castor, Julien Sainte-Marthe, J. Topage, Alphonse Boisson et Saint-Yves-Demil,

Tous hommes de couleur, propriétaires et négocians à la Martinique, déportés à la Trinité.

*Par procuration* de Volny, Bellisle-Duranto, Demil, Eugène Delphile et Frapart, bannis par jugement à Sainte-Lucie.

*Par procuration* du 25 mai 1827, à Roseau-Dominique, de MM. G. Saint-Aude, Armand, Jacques Lesgraces, Frédéric Montganier, Jacques

Cadet, Saint-Cyr-la-Tour, Charlery Desgrottes;

Et de MM. Ériché et Hippolyte Zenne, à Saint-Thomas.

Leur défenseur à la Cour de cassation,

ISAMBERT.

BISSETTE ET FABIEN FILS.

Paris, ce 27 janvier 1828.

---

## PROCÈS-VERBAL

De la Chambre des Pairs sur la pétition des Hommes de couleur.

(Séance du 13 mars 1828, présidée par M. le chancelier.)

(*M. le baron Mounier*, rapporteur du comité des pétitions, fait à l'assemblée le rapport suivant :)

« Cent quatre hommes de couleur de la Martinique, expulsés de la colonie par suite de mesures prises en 1823, appellent l'attention de la Chambre sur la position où se trouvent aujourd'hui les hommes de couleur dans les Antilles françaises : ils expriment le vœu d'obtenir de l'autorité royale la jouissance des droits civils.

Une question aussi grave n'a sans doute pas échappé aux méditations du Gouvernement, qui depuis plusieurs années surtout s'occupe avec tant de soin des moyens d'améliorer la législation coloniale ; mais la pétition contient à ce sujet des documens qui peuvent être utiles : le comité propose de la renvoyer au ministre de la marine.

( La Chambre consultée ordonne le renvoi proposé. )

---

## DISCUSSION

### Relative à la pétition des Hommes de couleur.

---

CHAMBRE DES DÉPUTÉS.

Séance du 24 mai 1828.

Présidence de M. Royer-Collard.

*M. Calemard Lafayette*, rapporteur :

Les sieurs Bissette et Fabien, hommes de couleur de la Martinique, à Paris, et un grand nombre d'hommes de couleur de cette colonie, représentés par Me Isambert, demandent l'intervention de la Chambre pour leur faire obtenir la modification des ordonnances coloniales qui les oppriment, et l'application des dispositions du Code noir qui leur sont favorables, notamment celle du principe posé en l'art. 59 de ce Code. (Ecoutez ! écoutez ! )

La différence des mœurs, des intérêts, des besoins, a placé les colonies sous un régime exceptionnel. Depuis 1789, divers essais ont été tentés pour le modifier : les résultats n'en ont pas été heureux. En 1825, et sur un rapport du ministre de la marine, il a été posé en principe que toutes les colonies ne pouvaient recevoir en même temps une organisation identique ; qu'il convenait de les traiter séparément, en commençant par l'île de Bourbon. Une ordonnance fort étendue vint bientôt régler le gouvernement de cette colonie. En 1827, elle a reçu, par diverses ordonnances, l'application modifiée de tous nos Codes.

On suit une marche semblable, et il se prépare en ce moment un travail spécial pour chacune des autres colonies. Nous avons l'assurance que ce travail, objet des louables sollicitudes du ministre de la marine en 1827, n'excite pas moins celles de son successeur. Votre commission a l'honneur de vous proposer d'imiter l'exemple récent de la Chambre des pairs, en ordonnant le renvoi de la pétition à M. le ministre de la marine.

*M. le ministre de la marine* : Je conçois qu'on se plaigne quand on souffre ; mais il me semble qu'on ne devrait s'adresser aux Chambres que lorsqu'il y a déni de justice ; les pétitionnaires se sont présentés à moi, et je leur ai promis d'examiner leur demande avec la plus grande attention ; je l'ai fait. On prépare en ce moment, au ministère de la marine, un travail pour l'application des Codes aux colonies.

Leur régime actuel exige des modifications ; elles seront calculées d'après ce qui est dû à la sécurité des colonies et aux droits imprescriptibles de l'humanité. Messieurs, je crois qu'on ne doit pas beaucoup parler des colonies à cette tribune ; mais je crois aussi que l'humanité veut qu'on s'en occupe ailleurs. J'appuie le renvoi proposé.

*M. de Laborde* demande la parole.

Plusieurs voix à droite : Il n'y a pas d'opposition.

D'autres voix à gauche : Parlez ! parlez !

L'orateur est à la tribune et prend la parole à plusieurs reprises, sans parvenir à se faire entendre ; enfin le silence se rétablit, et l'honorable membre commence par faire observer que la question est assez grave pour mériter quelque attention ; qu'elle intéresse une masse d'individus malheureux.

Ils ne le sont nulle part autant, ajoute l'orateur, qu'à la Guadeloupe et à la Martinique. ( Murmures à droite ; interruption. )

Messieurs, si je ne considérais que les lumières et le caractère de M. le ministre de la marine, je n'ajouterais rien à ce qu'il a si loyalement exprimé ; mais il verra bientôt à quel point il est difficile de faire le bien, quand beaucoup de gens sont intéressés à ce que le mal continue.

Le ministre nous a parlé d'une commission qui prépare un travail pour les colonies ; je pourrais répondre que nous ne sommes pas autorisés aujourd'hui à avoir une très grande confiance dans les com-

Alex.dre de la Borde,

Député du Dép.t de la Seine.

missions. ( Murmures à droite. ) D'ailleurs, j'ai lieu de croire que celle dont il s'agit est composée, quoique de gens d'honneur, de manière à ce que des opinions différentes y dominent.

J'ajouterai que ces travaux par commissions sont toujours d'une lenteur excessive. Il a fallu plusieurs années de délibération pour que des changemens fussent introduits dans l'île Bourbon. Il y a dix ans, je fus appelé à faire partie d'une commission, au ministère de la marine, pour le soulagement des forçats, ou plutôt de la France qui les supporte : nous nous réunissions une fois par semaine. On proposa d'abord de les envoyer à Cayenne, mais ce pays était trop chaud ; à la Nouvelle-Hollande, c'était trop loin ; aux présides d'Afrique, c'était trop près. Enfin, on trouva nos travaux trop longs, et la chose en resta là.

D'ailleurs, à quoi bon une commission ? Ce que demandent les pétitionnaires n'est pas bien difficile à connaître, à accorder. Il s'agit simplement de revenir aux ordonnances de Louis XIV, du grand roi. ( Rumeurs à droite. ) Sous le règne d'un bon roi, le Code noir, voilà la Charte constitutionnelle que les hommes de couleur demandent, c'est-à-dire, l'ordonnance de 1685 ; et certes ce n'est pas trop exiger.

Celles qui l'ont suivie se sont succédées toujours plus mauvaises ; car il est remarquable que la condition des colonies empirait à mesure que la civilisation amenait dans la métropole des améliorations plus marquantes.

C'est ainsi que l'ordonnance de 1726 défendit aux hommes de couleur d'accepter des blancs aucun legs, aucune donation, quoique les blancs pussent en accepter d'eux ; c'est ainsi qu'en 1727 les mariages entre les blancs et les hommes de couleur furent prohibés.

En 1765, arrêté colonial qui interdit aux hommes de couleur les fonctions de notaire, d'avoué, de médecin, de clerc, attendu, dit l'arrêté, qu'il est impossible de trouver la moindre probité dans une classe aussi vile que celle des mulâtres.

En 1755, 1773 et 1781, défense aux gens de couleur de s'appeler entre eux *monsieur* et *madame*, de porter les mêmes noms que les blancs, de se trouver dans les promenades publiques, dans les théâtres, dans les églises où il y avait des blancs.

Enfin, en mars 1803, arrêté portant que les gens de couleur qui, dans le délai de trois mois, n'auront pas présenté le titre en vertu duquel ils se prétendent libres, seront considérés comme esclaves, et comme tels vendus à l'encan, dans les formes ordinaires, au profit de l'État.

Et ne croyez pas, Messieurs, que ces ordonnances soient tombées en désuétude. Presque toutes ont été invoquées dans le procès dont les pétitionnaires eux-mêmes ont été victimes. En 1822, une jeune fille de couleur libre, de la commune de Lamentin, fut déclarée esclave par un arrêt de la Cour royale de la Martinique, et vendue à l'encan, parce que ses père et mère avaient négligé de remplir les formalités prescrites par l'arrêté de 1803. Vous avouerez, Messieurs, que des hommes soumis à une pareille condition peuvent en effet se trouver *passablement* bien au château de Brest, ( mouvement dans l'assemblée ), et que ceux qui ne se plaignent point peuvent se trouver passablement mal dans leur pays.

Il est juste cependant de dire que la restauration a constamment tendu à améliorer le sort des colonies; mais ses efforts ont été vains; ils ont échoué devant une résistance locale sur laquelle vous concevrez qu'on ait compté; en attendant, quelle a été, en 1823, la réponse des colons? la voici telle qu'elle fut adressée au général Donzelot :

« Les habitans de la Martinique sont décidés à défendre, *à quelque prix que ce soit*, l'état *actuel* de la législation, et à ne jamais laisser porter aucune atteinte aux réglemens coloniaux.... Si le Gouvernement avait un jour le projet d'y faire quelque changement, nous prions V. Exc. de lui faire bien comprendre que nous sommes fermement résolus de n'admettre *aucune* modification... Les habitans ayant pris la ferme résolution de se *défendre*; s'ils succombent, la colonie sera *perdue* pour la France. »

Voilà, Messieurs, quels obstacles a rencontrés

la volonté du Gouvernement, et je n'avais pas tort de dire, en commençant, à M. le ministre de la marine, qu'il ne lui serait pas si facile de faire le bien.

La France doit croire à peine à un tel langage de la part d'une de ses colonies qui lui coûte un million pour frais d'administration, et dans l'intérêt unique de laquelle elle paie sa consommation en sucres un cinquième de plus que ce qu'elle pourrait autrement la payer.

On se demandera donc quels sont ces hommes qui traitent si mal leurs concitoyens? des maîtres, des ennemis? Non, Messieurs; les uns et les autres sont du même sang; en remontant au règne de Louis XIV, alors que les mariages étaient permis entre les blancs et les hommes de couleur, on retrouve leur commune origine. C'est depuis cette époque seulement que ces unions ont été prohibées, et qu'on a créé d'autres parias au sein de nos colonies.

Si du moins la proscription ne s'étendait pas jusqu'à la dernière génération. En Orient, le fils de l'esclave est élevé avec les enfans du maître. Dans ce pays barbare, l'esclavage remonte jusqu'à la paternité, et dans nos pays civilisés, la paternité descend jusqu'à l'esclavage. Sénèque reprochait un jour aux Romains de maltraiter leurs esclaves. « Pensez, disait-il, que ce sont des hommes comme vous, ce sont vos compatriotes: *homines imò contubernales!* » Qu'eût-ce été s'il avait pu leur dire: « Ce sont vos enfans, vos frères! »

*Eusèbe Salverte,*

Député du Dept. de la Seine.

On prétend que cette législation sévère est nécessitée par l'état particulier des colonies. A cela je n'ai qu'une chose à répondre : c'est que tel n'est point l'avis d'un grand nombre même de colons de la Martinique et de la Guadeloupe, qui savent ce qui se passe à l'Ile-Bourbon, dans les colonies anglaises, où les hommes de couleur ont les droits civils, et même les droits politiques, dans les colonies espagnoles, où leur intimité avec les blancs est entière. Si l'on a dit : « périssent les colonies plutôt qu'un principe, » on a dit une chose horrible ; il serait plus horrible encore de dire : « périssent les droits de l'humanité plutôt que les colonies. » (Vive adhésion à gauche. )

Je me proposais de demander le renvoi de la pétition à M. le garde-des-sceaux ; je me borne à appuyer le renvoi à M. le ministre de la marine par la confiance qu'il m'inspire.

*M. Eusèbe Salverte* : ( Profond silence. ) Mon honorable ami, M. de Laborde, voudrait qu'il fût permis de prononcer le renvoi au garde-des-sceaux ; je pense comme lui que cette mesure serait fort utile. (Murmures à droite. ) Je sais, Messieurs, qu'au ministre appartient le droit exclusif de régler tout ce qui concerne les colonies. Est-ce un bien ou un mal ? voilà ce qui peut, du moins, être l'objet d'un doute.

En 1819, on conçut le projet d'une ordonnance pour transporter dans les colonies les principes de nos Codes avec les modifications jugées convenables. Le ministre de la justice devait être appelé plus spécialement que tout autre à l'exécution d'une pareille ordonnance ; on se passa de son secours, et de là peut-être sont venus les retards que l'on a sujet de déplorer.

Messieurs, en vous traçant le tableau des abus et des cruautés que toutes les ordonnances rendues depuis Louis XIV ont fait peser sur les colonies, M. de Laborde ne pouvait pas tout dire ; il s'en faut de beaucoup qu'il ait tout dit. Pour moi, j'avoue que je serais embarrassé de décider si ces ordonnances étaient plus injustes qu'absurdes. ( Nouveaux murmures à droite. )

Je connais votre impatience, Messieurs, dit l'orateur en se tournant de ce côté ; aussi je n'entrerai point dans un nouvel examen de ces ordonnances ; je me contenterai de citer quelques faits. ( Agitation sur les mêmes bancs. )

Voici ce qui s'est passé tout récemment à la Guadeloupe : Un blanc[1] insulte un homme de couleur[2] et lui donne un soufflet ; celui-ci terrasse l'agresseur et il est condamné, pour ce fait, par la Cour royale de la Guadeloupe, à un an de prison. Dans la même querelle, un autre blanc[3] plonge un poignard dans le sein de l'homme de couleur, et il est con-

(1) M. Dorneau.
(2) M. Auguste Coco.
(3) M. Labeaume.

damné aussi à un an de prison par la même Cour. Admirez, Messieurs, l'équité de ce jugement. (Murmures d'indignation à gauche et d'impatience au côté droit.)

Voici, Messieurs, un autre fait qui, j'en suis sûr, vous frappera. En 1815, un jeune esclave de quinze ans, nommé Élisée, ayant pris la fuite de chez son maître, fut ressaisi et condamné à mort par la Cour royale de la Martinique. (Profonde sensation.) Ce n'est pas tout, Messieurs; la mère de cet enfant fut condamnée à assister à l'exécution de son fils, comme coupable de lui avoir donné de la nourriture et un asile. (L'ndignation se manifeste d'une manière plus vive.) Cette malheureuse fut jetée ensuite dans les cachots du Fort-Royal de la Martinique. (On entend une légère rumeur au côté droit.)

Messieurs, j'ai peut-être exagéré les termes sans le vouloir, je me trompe peut-être. Une mère condamnée à voir l'exécution de son fils, parce qu'elle lui a donné des secours ! une telle cruauté paraît invraisemblable; voici l'arrêt, qui est à la date du 30 novembre 1815 :

« La Cour, etc., condamne l'esclave Elisée, âgé de 15 ans, à être *pendu et étranglé* jusqu'à *ce que mort s'ensuive*, pour avoir formé le projet de *s'évader* de la colonie et avoir *ainsi voulu ravir à son maître le prix de sa valeur*. Le même arrêt condamne la mulâtresse Agnès (mère d'Elisée) à assister au supplice de son fils, pour lui avoir donné retraite en lui procurant un *asile, sous prétexte de pitié* (mouvement d'horreur dans presque toute l'assemblée et dans les tribunes publiques. — Complète impassibilité à droite), et en fournissant à *sa nourriture* et *entretien* pendant environ trois mois; de l'avoir *ainsi caché* aux recherches de la justice, et enfin de lui avoir facilité les moyens de disparaître et de *s'évader de la colonie* pour *ravir sa valeur à son maître*. Ordonne de plus, qu'il sera plus *amplement* et *indéfiniment informé* contre ladite *Agnès*, laquelle gardera prison dans la nouvelle geôle du Fort-Royal. (Même mouvement.)

Sous prétexte de pitié! (s'écrie l'orateur avec une chaleureuse indignation) ainsi la calomnie est jointe à l'atrocité! ainsi on transforme en crime le sentiment si grand et si noble de l'amour maternel!..... Ah! Messieurs, ne sentez-vous pas tous comme moi le besoin de protester, au nom du trône, au nom de la France, et surtout au nom de l'humanité, contre un acte qui la déshonore? (Applaudissemens prolongés à gauche.)

L'orateur cite d'autres exemples de l'arbitraire des tribunaux dans les colonies. Il rappelle qu'en 1827 une Cour supérieure déclarait punissables, comme coupables de trahison, les auteurs de toute pétition qui tendrait à réclamer, non pas l'égalité publique, non pas les droits établis par notre législation, mais les priviléges accordés aux hommes de couleur par le Code noir. Ainsi cette Cour ne s'est pas fait le moindre scrupule de mettre au néant et le droit public créé par nos rois, et le droit social, qui laisse toujours aux malheureux le droit de réclamer contre l'injustice qui les opprime.

Le ministre de la marine nous promet des améliorations. Je les attends, je les espère; elles sont bien nécessaires, comme vous avez pu vous en convaincre par les faits que je viens de citer.

On nous a fait entendre qu'il était dangereux de parler de colonies à cette tribune. ( A droite : oui! oui! ) Je ne partage pas cette opinion ; je ne crois pas non plus, comme certaines gens affectent sans cesse de le répéter, qu'on ait à craindre, si les noirs sont affranchis, que les colons proclament leur indépendance. ( Mêmes exclamations. ) Ils s'en garderont bien. Divisés même entre eux comme autrefois à Saint-Domingue, en grands et petits blancs, ne pouvant se passer de la protection et des concessions de la métropole, que seraient-ils sans elle? 25,000 hommes de couleur sauraient d'ailleurs soutenir leurs droits; et ils s'attacheront d'autant plus à elle qu'elle améliorera leur sort. Je suis convaincu que le seul moyen d'empêcher tous les troubles dans les colonies, c'est d'attacher par une meilleure législation les hommes de couleur à la France, qui est aussi leur patrie. ( Adhésion à gauche. )

Puisque l'on pense qu'il y a du danger à insister sur cette question, je veux bien m'abstenir de citer un dernier fait, qui est de nature, je le déclare, à hâter les améliorations promises par M. le ministre de la marine.

M. Salverte reçoit de nombreuses marques d'assentiment en descendant de la tribune.

*Le ministre de la marine :* Je croyais en avoir dit assez pour éviter une discussion qui, quoiqu'en puisse dire l'orateur qui m'a précédé, peut présenter des inconvéniens. Si la législation dont il s'agit était bonne, parfaitement bonne, il ne serait nullement question de la modifier. J'ai dit que le Gouvernement du Roi s'en occupait ; il s'en occupe. On a répondu que des commissions étaient lentes, je ne sais si elles ont pu l'être ; mais ce que je puis dire, c'est que sous mon ministère on ne sera jamais lent à faire le bien. (Voix à gauche : Bravo ! )

Les ordonnances dont les pétitionnaires se plaignent sont pour la plupart tombées en désuétude [1] dans nos colonies ; mais il en est qui demandent à être modifiées ; et elles le seront dans des vues de justice et d'humanité. Je crois pouvoir demander à la Chambre d'arrêter cette discussion, et de vouloir bien me renvoyer cette pétition, à laquelle je ferai droit.

*M. Dupin* aîné, de sa place : Je demande que M. le ministre nous déclare si ces améliorations

(1) Cela est faux ; elles sont exécutées à la Martinique et à la Guadeloupe. Les dernières ordonnances de septembre et octobre 1828, de M. Hyde de Neuville, ne les abrogent pas même implicitement.

seront le résultat d'une simple ordonnance, ou si elles seront soumises à l'approbation législative.

*M. le ministre de la marine :* La Charte a établi un droit; ce droit appartient au roi; le roi fera dans sa haute sagesse ce qu'il croira devoir faire. Quand l'ordonnance aura paru, si on croit avoir à soumettre des observations, on le fera. Il me semble que quand les ministres s'occupent, par les ordres de Sa Majesté, de réviser cette législation, on peut bien, si l'on a cru devoir s'en rapporter à des déclarations de quelques habitans de la Martinique, s'en rapporter aussi à la déclaration des ministres du roi.

Je ne descendrai pas de cette tribune sans répondre à ce qu'on a avancé, que les habitans de nos colonies pourraient penser à se rendre indépendans. Non, Messieurs, les habitans de nos colonies sont sincèrement attachés à la France et aux Bourbons, et ils en ont donné de telles preuves qu'il n'est pas permis d'en douter [1]. ( Approbation marquée à droite et au centre. )

(1) Nous ne rappellerons pas ici ce que l'histoire a recueilli des circonstances par lesquelles, en 1794 et en 1809, la Martinique est passée sous la domination anglaise; nous n'invoquerons pas non plus, relativement à la Guadeloupe, les témoignages de défection consignés dans l'histoire de cette colonie, publiée par un homme qui connaît bien les lieux et les personnes; nous ne rappellerons pas les faits de bravoure et de dévoûment que la classe des hommes de couleur peut citer à cet égard, et de son éloignement pour le joug anglais; nous ne

On recommence à crier aux voix.

*M. le président* : Il n'y a pas d'opposition. Il n'y a rien à mettre aux voix. La pétition est renvoyée au ministre de la marine.

citerons que le fait le plus récent, tiré de l'*Histoire des cent jours, sur la Guadeloupe,* par M. Boyer de Peyreleau.

Dans une adresse du 16 janvier 1816, remise solennellement au *général anglais Leith,* le conseil privé de la Guadeloupe exprimait, au nom des colons, le vœu de voir cette *île maintenue sous le gouvernement protecteur de l'Angleterre!* « Si « nos vœux, disaient-ils, si nos pensées doivent se rattacher « à notre patrie, combien n'avons-nous pas à redouter de voir « encore une fois la confiance d'un roi, peut-être trop clément, « indignement trahie par les chefs à qui il remettrait son pou- « voir dans cette colonie! »

Le même conseil privé, en même temps qu'il offrait une épée d'honneur de 48,000 fr. à ce *gouverneur anglais,* avec ces mots : *La Guadeloupe reconnaissante, à sir James Leith, son libérateur,* et qu'il le suppliait de conserver l'augmentation annuelle de 72,000 fr. déjà faite à ses émolumens, lui donnait encore une habitation *appartenant au domaine du roi de France.*

La réponse du général anglais ne fut pas moins surprenante que l'adresse des colons; il accepta tous les dons avec une *généreuse reconnaissance,* et donna cette leçon de patriotisme en répliquant à ces cosmopolites : « Que la Grande-Bretagne « connaissait trop bien les *vrais principes de l'honneur* pour « exiger que des personnes accidentellement placées sous sa « domination *rompissent les liens nationaux qui attachent « tous les hommes honnêtes à leur pays* par des sentimens « équitables et par le devoir. » Il leur promit néanmoins d'appuyer leur vœu auprès de son gouvernement, et envoya leur adresse et sa réponse au prince-régent d'Angleterre. On assure que ce prince fit parvenir au roi de France ces documens, *qui prouvent l'attachement des colons à la France.* (Bissette.)

# LETTRE

De MM. Bissette et Fabien, relative à la commission coloniale créée près le ministère de la marine.

---

*A Son Excellence le ministre de la marine et des colonies.*

Paris, 28 mai 1828.

Monseigneur,

Vous avez exprimé votre étonnement de ce que la pétition au nom des hommes de couleur eût été présentée à la Chambre des députés avant que le temps vous eût été laissé de répondre au renvoi de la Chambre des pairs. Nous supplions V. Exc. de vouloir bien considérer que la pétition dans sa rédaction était destinée aux deux Chambres. Ce n'est donc point par un sentiment de défiance envers les intentions de V. Exc. que cette pétition a eu son libre cours ; il nous aurait fallu la retirer ; mais le mandat que nous ont adressé nos compatriotes ne nous permettait pas de le faire, et c'est d'ailleurs une question de sociabilité qui a d'autant plus besoin d'être éclairée à la tribune que le parti colonial ne cesse d'assiéger l'autorité souveraine de craintes hypocrites et de terreurs paniques. Il semble que si on nous rend les droits que nous réclamons tout est perdu, que la révolution de Saint-Domingue est dans l'observation du Code noir.

Votre Excellence a parlé de la commission instituée pour prendre connaissance de l'état des choses, et pour proposer un remède aux abus. Jusqu'à présent nous n'avons point eu de représentant de nos intérêts dans ces commissions composées en partie de créoles, et même de magistrats qui ont rendu des arrêts qui établissent en *principe l'infériorité naturelle de notre race*. Il en résulte que l'on y affirme des faits que nous démontrerons facilement être faux. Nous aurions bien quelque droit de demander à être entendus dans cette commission ; mais nous serons pleinement satisfaits et nos compatriotes aussi, si M. Isambert, avocat aux conseils du roi et à la Cour de cassation, qu'ils ont investi de leur pouvoir, est appelé à en faire partie. M. Isambert est très versé dans toutes les parties de la législation coloniale tant ancienne que nouvelle ; le titre dont il est revêtu présente toutes les garanties désirables ; sa loyauté et sa franchise sont appréciées par les magistrats près desquels il exerce son ministère.

Nous ne croirons nos intérêts défendus et la religion de V. Exc. et de Sa Majesté éclairée sur les points qui touchent nos plus chers intérêts, qu'autant que M. Isambert sera appelé dans le sein de la commission coloniale pour y prouver que les ordonnances dont nous nous plaignons ne sont pas tombées en désuétude, comme on l'a dit à V. Exc., mais sont encore en pleine vigueur.

Nous prions V. Exc. de nous faire connaître si

elle agrée nos propositions, afin que nous reportions à nos compatriotes l'assurance que désormais nous ne serons plus condamnés sans avoir été entendus.

Nous sommes avec un profond respect,

de Votre Excellence,

les très humbles et très obéissans serviteurs.

BISSETTE, FABIEN.

---

## LETTRE

De MM. Bissette et Fabien sur la mission de MM. Detape, procureur général à la Martinique, et Cabasse, procureur général à la Guadeloupe.

---

*A Son Excellence le ministre de la marine et des colonies.*

Paris, 3 juin 1828.

Monseigneur,

On nous écrit de la Martinique que les colons peu satisfaits des dernières ordonnances qui y ont été envoyées par votre prédécesseur, et moins encore des améliorations qui se préparent sur l'état des hommes de couleur, envoient en France M. Detape, procureur général, pour obtenir le maintien de l'ancien système. On nous assure aussi que M. Perinelle Dumay, conseiller en la Cour royale de cette colonie, qui a participé à l'arrêt du 12 janvier 1824, doit accompagner M. Detape pour cette mission. Les colons osent se flatter que la qualité de métropolitain de ce dernier, lui donnera plus d'accès auprès du ministère de la marine, parce que n'ayant aucun intérêt direct dans la colonie, on sera naturellement porté à croire que ses opinions sont entièrement désintéressées. Ce n'est point M. Ristelhueber, Européen, susbstitut du procureur général, qui remplira l'intérim en l'absence de M. Detape; ces hautes fonctions sont confiées à un jeune créole, M. Lepelletier Duclary, qui a participé aussi à la grande affaire de 1824.

La Cour royale de la Martinique repousse tout émolument pour ses membres; mais elle demande en compensation de ce sacrifice que le recours en cassation contre ses arrêts soit aboli comme il l'a été à Bourbon.

On nous mande encore que M. Cabasse, procureur général près la cour de la Guadeloupe, a une mission semblable de sa Cour, avec cette seule différence que les magistrats de cette colonie veulent conserver leurs émolumens.

Nous avons cru devoir informer V. Exc. de ce qui se passe, afin qu'elle se tienne en garde contre les influences trop puissantes auxquelles nous avons à lutter; et c'est un nouveau motif pour nous d'insister sur notre demande du 28 expiré.

Nous sommes avec un profond respect,

De Votre Excellence,

Les très humbles et très obéissans serviteurs.

BISSETTE, FABIEN.

---

## DISCUSSION

Relative à la pétition de M. Dufresche, sur le régime des esclaves.

---

### CHAMBRE DES DÉPUTÉS.

Présidence de M. Royer-Collard.

(Séance du 21 juin 1828.)

*M. de Saint-Agnan*, rapporteur : Le sieur Dufresche de la Villorion, à Surzur (Morbihan), demande une loi qui adoucisse le sort des esclaves dans nos colonies.

Messieurs, cette pétition a le même but que celle dont le rapport vous fut fait il y a un mois par M. Calemard de Lafayette; les discours que vous avez entendus nous dispensent d'entrer dans le détail des motifs sur lesquels M. Dufresche appuie sa réclamation.

M. le ministre de la marine donna deux fois à

cette tribune des assurances positives propres à faire naître parmi les hommes généreux qui demandent l'amélioration du sort des esclaves dans nos colonies, l'espérance que bientôt il serait pris des mesures efficaces pour mettre fin aux effroyables abus dont on se plaint; mais en même temps il fit sentir les inconvéniens d'en faire l'objet d'une longue et pénible discussion. Votre commission se borne donc à vous proposer le renvoi de cette pétition à M. le ministre de la marine et des colonies.

*M. le ministre de la marine :* J'ai déjà eu l'honneur de le dire, et je suis dans l'obligation de le répéter : Parlez le moins possible colonies à cette tribune; j'ai dit que c'était dans le secret du cabinet qu'on devait s'occuper d'adoucir le sort des esclaves et concilier l'intérêt des hommes qui possèdent avec celui des hommes qui travaillent. Je ne présenterai point de longues observations à la chambre, je me bornerai à lui apprendre la nouvelle que je viens de recevoir, et j'espère que cette nouvelle suffira pour arrêter tout discours, toutes paroles imprudentes. J'ai reçu la nouvelle que dans une province au-delà des mers 600 noirs se sont révoltés; les blancs ont été massacrés; des crimes qui rappellent Saint-Domingue ont été commis. La révolte a été apaisée, mais le sang a coulé. Au nom de l'humanité, ne parlons pas colonies.

*M. Charles Dupin* demande la parole. (Aux voix! aux voix!)

*M. le président :* On demande la clôture de la discussion, je dois consulter la Chambre.

(La Chambre prononce la clôture à une très grande majorité, et le renvoi est ordonné.)

*M. le ministre de la marine :* Comme j'ai cité un fait et qu'il pourrait répandre l'inquiétude, je dois déclarer que c'est à Bahia que cet événement a eu lieu [1]. (Mouvemens en sens divers.)

(1) M. le ministre de la marine, cédant toujours aux inspirations d'une politique inquiète et ombrageuse, ne veut jamais que la situation des hommes de couleur et des esclaves soit exposée sans voile aux députés, lorsque la législation coloniale vient à provoquer les délibérations de la Chambre élective. L'événement arrivé à Bahia, mal conçu par le ministre, et dès lors rendu d'une manière inexacte, a paru plus que suffisant pour faire triompher les craintes de Son Excellence; et *c'est au nom de l'humanité* qu'elle arrête toute discussion sur une pétition qui demande qu'enfin le sort des esclaves soit fixé par une loi. Voici au surplus ce qui s'est passé à Bahia : 1,200 esclaves noirs se sont révoltés ; le gouverneur a envoyé contre eux le régiment provincial de *nègres* qui a exterminé les révoltés, à l'exception de 200 qui ont échappé ; aucun blanc n'a péri.

*C'est dans le secret du cabinet,* nous dit le ministre, *que l'on doit s'occuper de concilier les intérêts de ceux qui possèdent avec les intérêts de ceux qui travaillent.* Mais que ne se hâte-t-il, *dans le secret de son cabinet et au nom de l'humanité,* de mettre un terme à l'oppression sous laquelle gémissent les hommes de couleur et les esclaves ? Les faits nouveaux, bien connus du ministre, sur le système colonial, prouvent combien il est urgent d'abréger les lenteurs de cette *conciliation.* (BISSETTE.)

## OPINION

De M. Voyer-d'Argenson, député de l'Eure, sur les colonies, dans la discussion de la loi de finances (*Dépenses. — Ministère du commerce*) ;

Prononcée dans la séance du 16 juillet 1828.

L'article 2 de l'ordonnance du 20 janvier ordonne que le président du conseil supérieur du commerce et des colonies prendra le titre de ministre du commerce.

L'article 3 fait passer à son ministère le crédit de 90,000 fr. affecté précédemment au département des finances pour le bureau du commerce et des colonies.

Et par une autre disposition, qui est, je crois, une innovation, il arrive que les dépenses relatives aux colonies ne font l'objet d'aucun crédit spécial au budget du ministère de la marine.

Serait-il question de transférer plus tard l'administration des colonies au ministère du commerce? Je ne sais même si le vœu n'en a pas été énoncé à cette tribune, autant que j'ai pu le reconnaître dans cette salle, où il ne suffit pas toujours d'écouter attentivement pour entendre.

Une première réflexion se présente à ce sujet. Nous

avons tous vu le temps, Messieurs, où le budget d'un ministère du commerce, s'il eût été question d'en créer un, aurait contenu au moins un article, des frais de bureau, peut-être des encouragemens pour la traite des noirs. Si l'on compare l'inepte sécurité de conscience avec laquelle une semblable proposition eût été accueillie alors, avec l'indignation qu'elle produirait aujourd'hui, on sera peut-être disposé à l'indulgence pour certaines recherches dont le but est d'améliorer le sort des hommes de toutes couleurs, et de constater jusqu'où va la justice qui leur est due. Paradoxales à leur premier aspect, elles n'encourent bientôt plus que le reproche d'être prématurées; et le temps arrive tôt ou tard où elles se classent paisiblement au rang des devoirs.

Quant à l'administration des colonies, ce n'est pas moi qui proposerai son adjonction à un ministère dont je désire la suppression. Je serais plutôt tenté de dire ainsi que des démembremens du ministère de l'intérieur : Otez cette administration au ministère de la marine, mais ne la donnez à aucun autre.

D'ailleurs M. le ministre de la marine nous a donné l'espérance qu'il s'occuperait sans délai du sort des hommes de couleur et des malheureux esclaves; et probablement, si déjà cela n'a été fait, nous allons voir s'établir une Commission coloniale qui va rivaliser de zèle pour le bien public avec tant d'autres commissions créées ou projetées dans ces derniers temps. Je souhaite qu'elle ait plus de succès que celle instituée pour la répression de la traite des noirs, dont l'existence remonte au mois de décembre 1819.

Si cette Commission coloniale se forme, pourquoi M. le ministre ne jugerait-il pas à propos d'y admettre, pour en faire partie, quelques hommes de couleur et quelques noirs affranchis, dont le voyage de nos colonies à Paris, ainsi que les frais de séjour, seraient à la charge de l'État? C'est une idée que je prends la liberté de soumettre à M. le ministre de la marine.

De plus, il trouvera, pour composer cette Commission, des colons qui, dans l'intérêt de leur propre avenir, lui proposeront des mesures de sagesse et d'humanité applicables dès aujourd'hui au régime colonial. J'en ai pour garant un écrit que j'ai en main, publié en 1823 par un colon, lequel a habité seize ans ses propriétés à la Martinique, et y est encore possessionné. Entre autres vues philanthropiques, je remarque dans cet écrit la proposition formelle de faire jouir les libres de tous les droits civils et politiques; celle de former une caisse d'amortissement de l'esclavage; celle de l'émancipation graduée des esclaves, d'affranchir l'esclave de soixante ans, la mère de cinq enfans; de distribuer des terres aux esclaves, de les autoriser à se racheter au moyen du pécule qu'ils en retireraient, et dont personne ne pourrait les priver; de proscrire les peines corporelles, etc., etc.

Cette brochure atteste que s'il y a des colons qui publient, ainsi que l'assure un journal, le résultat de leurs observations sur la *manière de fouetter les esclaves le plus douloureusement sans être exposé à les perdre;* d'autres consacrent leurs veilles à des pensées plus humaines.

Je vote le rejet en entier des fonds demandés pour le ministère du commerce, montant à 3,392,000 fr., à l'exception des 380,000 fr. affectés au Conservatoire des arts et aux écoles industrielles.

---

# DISCUSSION

Relative au budget de la marine et des colonies.

---

## CHAMBRE DES DÉPUTÉS.

Présidence de M. Royer-Collard.

(Séance du 23 juillet 1828.)

*M. le ministre de la marine :* J'ai émis cette opinion, qu'il faut peu parler des colonies à cette tribune ; ma réserve a trouvé quelques censeurs : je la crois bonne cependant ; et c'est parce que je suis convaincu qu'elle est utile et aux colons et aux hommes de couleur, qui, peut-être, ont appris sur une autre rive à prononcer mon nom avec confiance et aussi quelque gratitude, que je continuerai à suivre le même système de prudence et de modération. Toutefois, je dirai à la Chambre que je n'ai point perdu un seul instant de vue mes promesses. L'organisation judiciaire de la Martinique et de la Guadeloupe se prépare sur les bases de celle de l'île de Bourbon. Ainsi, ces deux colonies jouiront bientôt de la publicité, de la libre défense et du débat oral. ( Mouvement d'adhésion à gauche. )

L'organisation judiciaire suppose l'application aux deux colonies des cinq Codes de la métropole. Des travaux se préparent pour cette application à la Martinique, où le Code civil est le seul en vigueur, et à la Guadeloupe, où le Code de procédure civile a été introduit de plus qu'à la Martinique, mais avec une modification qui doit avoir un terme. Il faut aussi que le créancier reçoive aux Antilles les garanties qu'il trouve à l'île de Bourbon et à la Guyane française. Le crédit public et particulier, l'intérêt politique, l'intérêt du commerce, celui des colonies elles-mêmes, le réclament impérieusement.

L'établissement de l'enregistrement sera aussi un bienfait pour nos colonies ; l'ordre public et l'intérêt privé le demandent ; cette mesure importante pourra recevoir son exécution à dater du 1er janvier prochain.

La législation qui régit aux Antilles la classe des hommes de couleur libres, a été depuis quelques années l'objet de vives réclamations.

Cette classe trouvera dans l'application du Code pénal, aux deux colonies, le bienfait de l'égalité devant la loi, dont elle n'a pas joui jusqu'à ce jour et qu'il était si juste de lui assurer.

J'ai pris des dispositions pour que l'état légal de l'homme de couleur libre fût désormais déterminé de manière à ne pouvoir être, en aucun cas, sous aucun prétexte, contesté. ( Très bien! très bien! )

Le sort des esclaves n'a pas cessé d'être, aux États-Unis, l'objet de mes sollicitudes ; pourrait-il me devenir indifférent quand Dieu permet que je sois en position de leur faire quelque bien ? A cet égard, j'ose dire que je n'ai pas besoin qu'on me rappelle les devoirs que m'imposent et l'humanité et ma position présente. Je ferai le possible ; les droits acquis seront ménagés, la sûreté des colons ne sera jamais compromise :

mais la faiblesse et le malheur seront protégés, secourus ; et certes je n'aurai point à me reprocher, quand je quitterai le ministère, d'avoir oublié, négligé les pauvres esclaves de nos colonies.

A dater de 1829, des médailles d'or sont destinées aux colons qui s'occupent avec le plus de succès de répandre l'instruction religieuse parmi les esclaves, qui encouragent et facilitent entre eux les unions légitimes, qui pourvoient avec le plus de soin à leur nourriture, à leur habillement. Les noms de ces hommes recommandables seront mis sous les yeux du souverain, et le ministre ne perdra aucune occasion de leur prouver sa reconnaissance et son estime. (Adhésion.)

Mon prédécesseur n'a rien négligé pour l'exécution de la loi du 23 avril 1827, relative à la répression de la traite des noirs [1]. Notre station d'Afrique, commandée par un officier du caractère le plus honorable (M. de Villaret-Joyeuse), n'a pas cessé de seconder, et avec autant de succès que de zèle, les vues généreuses du Gouvernement.

Ailleurs, j'ai pris des mesures pour que, sous un pavillon emprunté, des Français ne déshonorassent pas leur pays en se livrant encore au trafic infâme qui n'a que trop long-temps affligé l'humanité.

Je n'ai pas besoin de faire observer à la Chambre que l'un de mes premiers soins en arrivant au ministère a été de rappeler à tous les agens sous mes ordres ou en rapport avec mon département, la loi contre la traite. Ils savent, Messieurs, et ils n'en douteront jamais, que leur zèle pour l'exécution franche et complète de cette loi sera toujours à mes yeux l'un de leurs titres les plus réels à la confiance du Gouvernement de Sa Majesté [2]. (Voix diverses : Très bien ! très bien !)..... Ici je m'arrête ; j'ai dit sur les colonies ce que je pouvais dire....,

(1) Si bien que cet *infâme brigandage*, pour nous servir de l'expression de M. Hyde de Neuville, continue toujours dans nos colonies.

(2) Ou les agens sous les ordres du ministre de la marine doutent que leur zèle pour la répression de la traite soit vraiment un titre à la confiance de Son Exc., ou ils se soucient fort peu d'une confiance qui ne leur serait accordée qu'à ce titre ; mais le mal n'est pas là seulement, et M. Hyde de Neuville le

le Gouvernement continuera à opérer peu à peu sans bruit, sans secousse, le bien qu'il médite ; et c'est en marchant toujours avec la même prudence dans la voie des améliorations indiquées par la religion, la raison et l'humanité, que, sans blesser aucun intérêt, il arrivera à fonder un meilleur système colonial. (Nouveau mouvement d'adhésion.)

J'attendrai la discussion des articles pour vous soumettre, Messieurs, quelques observations sur les divers retranchemens proposés par la Commission.

Je me bornerai, quant à présent, à vous dire que j'ai apporté le soin le plus scrupuleux à l'examen des réductions qui vous sont indiquées. Ces réductions, Messieurs, si elles ont lieu, affecteront plus ou moins quelques parties utiles et même essentielles du service.

sait bien. La traite est encouragée par l'impuissance même de la loi, ou plutôt par l'insuffisance des mesures prises pour la faire respecter ; elle est encore encouragée par la tolérance de ceux-là mêmes qui devraient la réprimer. Il n'est que trop avéré que le trafic des noirs ne s'est point ralenti, et que les menaces du législateur n'ont fait qu'aiguiser l'ingénieuse férocité des misérables qui vivent de ce brigandage. Déjà nous avons eu occasion de signaler quelques faits qui prouvent ce que nous avançons. Nous pouvons ajouter aujourd'hui ceux-ci, extraits de lettres de la Martinique. « Un négrier de 195 noirs, sous le commandement du capitaine Durieux, est arrivé ici le 31 mai 1828 ; les noirs ont été débarqués au Simon, commune du François. Les armateurs sont MM. Amédée Maillet et Gérard, négocians à Saint-Pierre. La vente a été ouverte le 5 juin, à la connaissance de toute la colonie. »

« Du 4 novembre 1828 au 5 janvier 1829, sept négriers ont débarqué 1721 noirs. Les navires sont : l'*Entrepreneur,* capitaine Victor ; la *Folie,* capitaine Laporte ; la goëlette commandée par le capitaine Gireau ; la goëlette la *Famille.* Les armateurs de ces négriers sont MM. Deluc, Monnerot, Saint-Rose Hardy, Deslandes, Joseph Clerc et Cassagne, négocians à Saint-Pierre (Martinique). Les habitations sur lesquelles les noirs ont été débarqués et vendus sont : *le Beau Séjour,* à M. Bellisle Coqueran, commandant la commune de la Trinité ; habitation dite *la Frégate,* à MM. Hardy frères ; habitation dite *la Pointe,* commune du François ; habitation *Aubin-Blancprès,* même commune.

D'après des faits aussi patens, il nous est permis de douter que le ministre de la marine arrive enfin à fonder un meilleur système colonial, s'il ne marche plus franchement (dût-il blesser les intérêts des négriers) dans la voie des améliorations indiquées par *la religion, la raison, et l'humanité.* (Bissette.)

On vous propose de priver la marine de deux établissemens si importans pour elle, surtout dans l'état où se trouve encore l'industrie nationale, que si la guerre éclatait après leur suppression, la France éprouverait, j'en demeure convaincu, combien les mesures trop précipitées peuvent être fâcheuses au pays. J'espère, Messieurs, que les explications qui vous seront données par M. le commissaire du Gouvernement vous convaincront de l'utilité, de la nécessité de ces établissemens. Leur suppression serait une véritable calamité pour la marine. Soyez certains, Messieurs, que je mettrai le plus grand zèle à faire disparaître les abus qui peuvent exister dans mon département; j'ai déjà prescrit des réformes; d'autres suivront. Mais en vous donnant une telle assurance, je vous dois aussi cette franche déclaration : c'est que jamais je n'aurai le triste courage de chercher des économies dans ces réformes brusques, sévères, qui portent la désolation au sein des familles qu'elles atteignent. L'État, Messieurs, ne doit jamais s'enrichir par des duretés. Je toucherai donc le moins possible aux existences créées; je respecterai religieusement les droits acquis, et mes économies, si je puis en faire, porteront avant tout sur les choses. Les retraites naturelles, les démissions, le temps, la mort, ce réformateur que rien n'arrête, mettront de l'ordre dans le personnel. Messieurs, les abus disparaissent bien vite quand on adopte un bon système et qu'on l'exécute.... Voilà mon plan, je le suivrai avec persévérance; il me conduira promptement, n'en doutez pas, Messieurs, au but sage que vous vous proposez. Je ferai cesser les abus; je ne ferai point verser de larmes! ( Un très vif mouvement d'adhésion éclate dans toutes les parties de la salle.)

*M. Charles Dupin* : Messieurs, je dirai peu de mots sur les colonies. Comment ont-elles disparu du budget de la marine *et des colonies?* Comment leurs comptes ne sont-ils pas soumis aux mêmes votes de la Chambre, que ceux des autres parties du royaume?

La Charte dit : *les colonies seront régies par des lois et des réglemens particuliers*. Par des réglemens, ils appartiennent au pouvoir exécutif; par des lois, elles appartiennent au pouvoir législatif. Or l'impôt, la dépense publique, sont réglés par des lois ; donc c'est à vous d'en connaître pour les colonies comme pour la métropole. Voilà le droit de la Chambre et je le réclame.

Non-seulement on ôte à la Chambre la législation des colonies, on lui retire jusqu'à l'examen des pétitions ayant pour objet les intérêts les plus importans de ces possessions. Je rends pleine justice au cœur généreux, aux bonnes intentions de M. le ministre de la marine, mais je diffère complètement avec lui d'opinion, lorsqu'il croit devoir demander qu'on empêche toute discussion sur une pétition qui concerne le sort des diverses classes d'habitans de nos colonies. Un député voulait prendre la parole pour indiquer les moyens d'accroître la bienveillance mutuelle, et d'allier le bien-être des moins heureux avec la sécurité des plus puissans ; il n'a pas même eu la permission de parler contre la clôture, et pourquoi? parce qu'à sept cents lieues des Antilles, à Bahia, des noirs Brésiliens se sont soulevés, sans qu'on nous ait appris si c'est contre la bienfaisance ou contre la cruauté de leurs maîtres! Mais pourra-t-on dire, un ministre ne peut pas savoir si les députés veulent parler des colonies pour calmer ou pour enflammer les passions? A cela je répondrai qu'il serait au moins charitable de ne pas regarder comme des incendiaires les amis de la paix et de l'humanité.

Ici, Messieurs, je rappellerai les paroles pleines de sagesse et d'humanité que nous a fait entendre notre honorable collègue, M. d'Argenson. Nous songerons aussi qu'il est des amis de l'humanité dans les colonies et parmi les blancs et parmi les hommes de couleur : nous honorerons, nous encouragerons leurs dispositions philantropiques: nous n'interdirons pas la tribune aux observations des députés. Nous penserons, je l'espère, que si dans un autre pays qui possède aux Antilles beaucoup d'autres colonies, la crainte de troubler la paix avait fait étouffer la voix de l'immortel Wilberforce et renvoyer sans discussion parlementaire toutes les pétitions au ministre, la traite des noirs ne serait pas abolie, et l'humanité ne pourrait pas prévoir un terme à l'esclavage d'une grande partie de nos semblables.

Je ne finirai point sans rendre justice à tout le bien que le ministre de la marine a déjà fait dans les colonies, et pour y favoriser la bonne direction du travail ainsi que le développement de la production, et pour améliorer l'administration, pour régler l'ordre de la justice et pour y protéger les esclaves. Enfin les paroles que vient de faire entendre M. le ministre de la marine nous assurent que ces heureux progrès, loin de se ralentir, recevront une impression toute nouvelle sous son administration amie de l'humanité. Mais cela ne peut empêcher la Chambre des députés d'accomplir ses devoirs, dans toute leur étendue, à l'égard des colonies comme à l'égard de la métropole.

Je vote pour le bugdet.

*M. Eusèbe Salverte :* Vous avez tous applaudi aux déclarations franches et loyales de M. le ministre de la marine. Nous lui en savons gré, surtout relativement aux colonies, Comme lui, nous pensons que ce sujet délicat doit être traité avec prudence, mais aussi avec vérité. Je me bornerai donc à signaler à M. le ministre de la marine et à votre attention, quelques abus qui pourraient encore être rectifiés.

Le premier de tous existe dans le budget. Nous apercevions dans les budgets jusqu'en 1825, à combien se montaient les dépenses de la métropole pour les colonies; je dis nous apercevions, car en 1825 elles se sont élevées à 5 millions. Néanmoins la guerre payait encore la solde et l'entretien des troupes employées aux colonies. Aujourd'hui, toutes les dépenses des colonies sont perdues dans le budget de la guerre et de la marine. Quelques-unes sont désignées de manière à ce qu'on puisse les reconnaître; mais le plus grand nombre présente une énigme insoluble. Je crois que cette manière de procéder est tout-à-fait contraire aux règles d'une bonne comptabilité. La spécialité doit avoir lieu pour les dépenses des colonies, comme pour toutes les autres, et sans doute à l'avenir, on voudra bien nous faire savoir ce que nous payons pour les colonies.

On s'est occupé d'améliorer l'administration intérieure des colonies. Il y a plusieurs années qu'on releva à cette tribune de nombreux abus qui s'y commettaient. Je citerai un discours très remarquable de notre honorable collègue, M. Laisné de Villevêque, duquel il résultait que l'anarchie avait succédé aux colonies à l'époque de la restauration. Je crois, d'après des renseignemens fondés, que l'ordre est un peu rétabli. Cependant on en pourrait douter, en jetant un coup d'œil sur le chapitre V; parmi les nombreux articles qu'il contient, on y remarque celui des dépenses imprévues, qui s'élèvent à près de la moitié de la dépense totale, et qui excèdent la proportion pour la Martinique et le Sénégal. Or, vous le savez, Messieurs, les dépenses imprévues sont presque toujours le patrimoine des abus.

M. le ministre de la marine nous a parlé de l'organisation judiciaire et administrative établie à l'île Bourbon. C'est sans doute une amélioration, mais elle est encore loin de celle qu'on devrait attendre. Nous voyons qu'un seul juge prononce en première instance. On allègue pour motif de cette anomalie un ancien usage. Je crois qu'on s'apercevra plus tard qu'on peut faire mieux que de se conformer à un ancien usage. Les attributions de la Cour royale sont trop étendues; elles prononcent en premier et dernier ressort sur les affaires correctionnelles; et la Cour d'assises prononce en dernier ressort, sans recours en cassation. Je sais qu'on dit que l'île Bourbon est beaucoup trop éloignée de la France pour qu'on puisse songer au recours en cassation. Je conçois l'objection pour les affaires civiles, mais non pour les affaires criminelles, surtout avec un pouvoir si étendu attribué aux juges de la colonie.

Dans la plupart des colonies il existe une distinction bien marquée entre les propriétaires, hommes blancs, les hommes libres de couleur et les esclaves. Cette complication a prescrit, dans l'administration des colonies, des mesures qui n'ont pas lieu dans la métropole, des mesures de prudence qui ailleurs ne seraient pas à leur place. Nous savons que pour les prendre convenablement, le ministre cherche à s'entourer du plus de lumières possible; mais on peut demander s'il consulte tous ceux qui peuvent l'éclairer; et si au contraire sa confiance n'est pas exclusivement placée dans la première des castes que j'ai signalées. Si cela était, il risquerait d'être induit en erreur, et au lieu de protéger tous les intérêts, il n'en protégerait qu'un seul.

Nous avons été tous frappés de la déclaration que M. le ministre a faite à cette tribune de protéger les droits de l'humanité, et de mettre un terme à la traite des noirs. Ce trafic infâme existe encore, et malheureusement des Français s'en rendent coupables. Les preuves de son existence se trouveraient au besoin dans les états de population que présente le budget. A la Martinique, les naissances ont été moindres d'un tiers que les décès : or, sa population ne paraît pas en avoir souffert; elle se recrute donc par la traite. La même chose a lieu à l'île Bourbon; je signalerai ce fait à l'attention de M. le ministre de la marine.

Le second intérêt qu'il n'a pas perdu de vue, c'est la nécessité de protéger les malheureux esclaves, puisqu'il faut prononcer ce mot en France, contre les violences des propriétaires, je n'entrerai pas ici dans des détails sur les faits dont ont été saisis les tribunaux des colonies. Je me plais à croire, comme on l'a promis, que les tribunaux ne feront pas de distinction entre les coupables, et que tous seront punis quelle que soit la couleur de leur peau.

Le second article concerne les hommes de couleur affranchis. Ils vont être mis en possession des droits civils. Ce sera un grand bienfait, un bienfait qui leur fera sans doute oublier le passé que je ne veux pas rappeler à cette tribune, un bienfait qui pourra être regardé comme un premier pas vers un autre, que nous verrons peut-être se réaliser plus tard. Nous devons espérer qu'on finira par ne plus mettre de distinction entre des hommes, sujets du roi de France, comme nous, suivant la même religion que nous, attachés à la France par des liens d'affection, qu'on n'aura plus égard à la différence de couleur; que les motifs de défiance ayant disparu, on pourra armer un plus grand nombre de ces hommes pour la défense de la colonie, et qu'on trouvera en eux de bons soldats et d'excellens citoyens.

( La délibération est continuée à demain. )

La séance est levée à cinq heures trois quarts.

(Séance du 24 juillet.)

*M. de Saint-Hilaire, commissaire du roi :* Messieurs, le rapport au roi sur le budget de la marine pour 1829, contient sur les colonies des documens qui, à aucune époque, n'ont été présentés aux Chambres : l'intention du ministre a été de mettre ainsi les Chambres à portée de connaître tout ce qui se fait, tout ce qui se prépare d'utile pour les colonies, afin de ne laisser aucun doute sur les intentions qui animent le département de la marine à l'égard de ces établissemens.

C'est dans le même esprit que j'ai désiré donner à la Chambre quelques explications sur des observations faites à cette tribune au sujet des colonies.

Un orateur s'est plaint de ne plus retrouver dans les documens relatifs au budget l'indication des sommes que le trésor royal dépense pour les colonies. Ces sommes sont comprises dans le budget du département de la guerre et dans celui du département de la marine ; elles se composent ainsi qu'il suit :

| | |
|---|---|
| Dépenses, sur le pied d'Europe, des troupes qui forment les garnisons coloniales. . . . . . . . . . . . . . . | 2,700,000 fr. |
| Supplément colonial pour les mêmes troupes, artillerie, fortifications . . . . . . . . . . . | 3,300,000 fr. |
| Total. . . . . . . . . | 6,000,000 fr. |
| Dépenses comprises dans le budget de la marine. . . . . . . . . . . . . . . . . . . . . | 800,000 fr. |
| Total des frais de protection. . . . . . . . | 6,800,000 fr. |

Quant aux dépenses du service local, analogues à celles qui sont connues en France sous le nom de dépenses départementales, elles sont payées entièrement sur les revenus des colonies, et montent à 8,452,234 fr. L'état en est annexé au rapport du ministre de la marine sur le budget.

L'honorable orateur qui a consulté cet état a remarqué que les dépenses imprévues s'y élevaient à une somme très considérable. J'espère que cette somme n'est pas le 13e des dépenses totales, (668,000 fr. sur 8,452,000), et dans les pays lointains soumis à tant de chances impossibles à prévoir, une telle réserve n'est point exagérée. Au surplus, l'emploi de ces fonds est entouré de toutes les garanties désirables. Les finances coloniales n'ont, sous ce rapport, rien à envier à la métropole.

Le même orateur a exprimé la crainte que la traite des noirs ne vienne combler le déficit qui, d'après le tableau de population des colonies, existe à la Martinique dans les naissances de 1826, comparativement aux décès. Ce déficit, qui est de 676, porte sur toutes les classes, et il est probable que c'est dans la classe blanche que l'augmentation des décès s'est fait plus particulièrement ressentir, attendu qu'en 1826 la fièvre jaune, à laquelle les Européens sont seuls soumis, a causé beaucoup de ravages dans nos Antilles.

Au surplus, le département de la marine acquerra bientôt des renseignemens à cet égard. Des mesures dont la Chambre appréciera aisément l'importance, sont prises pour que le mouvement de la population noire soit constaté régulièrement dans nos colonies.

J'arrive à quelques observations du même orateur sur l'organisation judiciaire de l'île de Bourbon. Ces observations ne sont ni graves ni nombreuses, et elles attestent implicitement ainsi que le travail auquel elles s'appliquent n'est pas sans quelque mérite.

L'honorable orateur voit avec inquiétude l'unité de juge dans la justice en première instance ; il ne trouve pas de motifs suffisans dans la considération que cet ordre de choses est ancien aux colonies et y a jeté de profondes racines. Cependant cette considération est forte, pour les colonies surtout, mais ce n'est pas la seule que l'on puisse faire valoir.

La difficulté de se procurer des magistrats capables et de les rétribuer d'une manière convenable, a beaucoup contribué à faire maintenir l'ancien système, qui présente l'avantage de forcer le magistrat qui tient seul ce siége à s'observer sans cesse, par l'impossibilité où il est de se soustraire à la responsabilité morale qui pèse sur lui.

Au reste, deux juges-auditeurs sont placés près du juge-royal, et l'ordonnance, en leur accordant voix consultative, a eu pour objet d'établir avant le prononcé du jugement une discussion d'où puisse jaillir la lumière.

Le même orateur, en parlant de la cour royale, a reconnu l'impossibilité du recours en cassation pour certains cas, et la nécessité de la maintenir dans d'autres cas; c'est ce qu'a fait l'ordonnance. En déclarant que les arrêts en matière correctionnelle et criminelle ne sont pas susceptibles de recours[1], elle porte que les arrêts ou jugemens définitifs rendus en matière civile et commerciale pourront être attaqués par voie de cassation.

L'administration de la justice tient un rang si élevé entre les pouvoirs de la société, elle touche par tant de points aux mœurs, aux habitudes, aux besoins des peuples, qu'elle devait être pour les colonies l'objet du travail le plus approfondi; c'est ce qui a eu lieu. Le temps fera connaître si l'organisation judiciaire de Bourbon offre toutes les garanties qu'elle doit assurer: on peut l'espérer. On doit croire surtout que les magistrats choisis par le roi rempliront leur mandat en concourant à rendre désormais aux colonies l'action de la justice prompte, forte, et impartiale, sans aucune acception des personnes, des rangs ou des couleurs. (Assentiment.)

*M. le général Sébastiani*: Messieurs, le discours prononcé hier par M. le ministre de la marine, sa franchise et sa loyauté inspirent une entière confiance aux amis de l'ordre constitutionnel.

L'article des colonies reparaîtra dans le budget. M. le ministre de la marine sait que le régime exceptionnel des colonies doit être légal; qu'aucun impôt ne peut y être perçu, s'il n'est voté par les Chambres; qu'aucun denier ne peut sortir des caisses publiques sans qu'il soit rendu compte de son emploi, et que porter atteinte au vote de l'impôt, et au compte qui doit être rendu de son produit, ce serait ren-

(1) C'est précisément ce que n'a pas dit l'honorable M. Salverte, qui s'est plaint, au contraire, qu'on ait retiré par ordonnance ministérielle le pourvoi en matière criminelle et correctionnelle à l'Ile-Bourbon.

verser notre droit public, et priver la Chambre du plus précieux de ses droits.

| | |
|---|---|
| Les dépenses des colonies s'élevaient en 1820, à | 11,861,287 |
| Les recettes, à . . . . . . . . . . . . . . . . . | 5,791,287 |
| Excédant des dépenses. . . . . . . . . . . . . . | 6,071,000 |
| Les dépenses seront en 1829, de . . . . . . | 15,252,234 |
| Les recettes, de . . . . . . . . . . . . . . . . . | 8,572,234 |
| L'excedant des dépenses, de . . . . . . . . . . | 6,680,000 |

Vous devez remarquer qu'il y a eu accroissement et dans les recettes et dans les dépenses.

Ces observations sont graves; elles commandent une sérieuse attention : je vais en présenter d'autres dont la Chambre appréciera le mérite et l'utilité.

L'inventaire de nos colonies n'est pas long à dresser. Nous possédons, dans l'Archipel des Antilles, les îles de la Martinique, de la Guadeloupe et des Saintes; sur le continent américain la Guyane; près du continent africain, l'île de Bourbon; en Afrique le Sénégal; des établissemens à Madagascar et dans l'Inde; au nord de l'Amérique, les petites îles de Saint-Pierre et de Miquelon.

Avons-nous intérêt à conserver ce peu qui nous reste de nos anciennes colonies? les fruits que nous en recueillons nous dédommagent-ils des sacrifices qu'elles nous coûtent?

On nous assure que les îles de Bourbon, de la Martinique et de la Guadeloupe produisent annuellement le sucre et le café nécessaires à notre consommation. J'admets ce fait comme vrai, bien qu'il soit controversé, et, à mon avis, fort douteux. Cet avantage même est onéreux pour nous. La commission du budget ne vous a-t-elle pas dit que la France fait un sacrifice annuel de 30 millions levés sur la consommation, pour acheter dans ces îles les denrées coloniales qu'elle trouverait ailleurs à plus bas prix! Ajoutez à ce sacrifice celui de 6,680,000 fr. pour les dépenses ordinaires des colonies, et vous verrez que notre système colonial nous coûte plus de 36 millions par an.

Les partisans de ce système opposent à ces énormes dépenses les avantages d'un marché sans concurrence, qui procure un large écoulement à nos produits agricoles et industriels.

On ajoute des considérations politiques pour fortifier celles qu'on emprunte à notre système d'échanges. On nous dit que pour avoir une marine il faut avoir des colonies, et on répète ensuite, que pour avoir des colonies il faut avoir une marine. Véritable pétition de principes enfermée dans un cercle vicieux!

Nous avons une marine, parce que nous la croyons nécessaire à la défense de l'État et à la protection de notre commerce. Cette marine qui, l'année dernière encore, a acquis tant de droits à notre estime, dans le glorieux combat de Navarin, ne pourra cependant pas de long-temps balancer les forces maritimes de l'Angleterre. Mais on ne saurait abandonner l'espoir de protéger un jour efficacement la liberté des mers, et avec elle l'indépendance des nations et la liberté du commerce.

Nos colonies sont aujourd'hui, il faut le reconnaître, à la merci de l'Angleterre; vous ne sauriez défendre vos comptoirs de l'Inde, de Madagascar; le Sénégal ne fait que de naître, et n'a aucun point d'appui. L'île de Bourbon, privée de ports qui puissent recevoir les bâtimens de haut-bord, est sous la main de l'Ile-de-France. La Guyane française est sans protection.

Examinons maintenant la situation des îles de la Guadeloupe, des Saintes et de la Martinique.

Comme l'île de Bourbon, la Guadeloupe ne possède aucun port, aucune baie qui puisse recevoir et abriter non-seulement des vaisseaux de ligne, mais même des frégates. Le port de la Pointe-à-Pitre ne convient qu'aux bâtimens marchands d'une moyenne grandeur. Cette île ne trouve un système de défense que dans ses milices appuyées par une garnison de 1,400 hommes de troupes européennes.

Les îlots des Saintes offrent un port sûr, d'une défense facile, et qui n'exige qu'une force de trois cents hommes en temps de paix, et de deux mille hommes en temps de guerre.

L'air y est salubre ; mais ce sont des rochers presque nus et sans végétation, privés de toute espèce de sources, et où les eaux pluviales étant très rares, ne pourraient pas suffisamment approvisionner les citernes qu'on y construirait. Il serait indispensable, pour défendre ce port, d'y élever des ouvrages étendus et d'une dépense considérable. Ce port, d'ailleurs, ne pourrait contenir avec sûreté que trois vaisseaux de ligne ; s'il en recevait seulement six, il faudrait les mouiller sur quatre ancres, et si l'un d'eux venait à chasser, ou à briser l'un de ses câbles, dans un de ces ouragans si fréquens aux Antilles, tous les bâtimens seraient perdus. De nombreuses catastrophes arrivées dans ce port signalent ce danger. La position des Saintes, intermédiaires entre la Guadeloupe et la Martinique, n'a guère qu'une importance négative pour la défense de ces deux îles : il est utile de l'occuper pour empêcher que l'ennemi ne s'en empare.

Le système défensif de la Martinique, commencé en 1764, fut achevé en 1784 : il avait calculé sur une résistance suffisante pour attendre les secours de la métropole. La Martinique possède plusieurs ports favorables au commerce : la rade de Fort-Royal peut recevoir une escadre nombreuse. Le point où nos flottes pouvaient s'abriter, devint nécessairement le plus important pour la défense de l'île : le Fort-Royal fut élevé, et coûta 16 millions. Il en fut construit un également à la Trinité, et seize batteries fermées à la gorge, entourèrent l'île, et la mirent à l'abri des tentatives de l'ennemi, autant du moins que des fortifications peuvent le faire. Tous ces ouvrages ont disparu : les Anglais, à leur départ, les ont complètement démolis. Il faudrait aujourd'hui les reconstruire, et les évaluations les plus modérées en portent la dépense à 30 millions au moins. Elle est telle, que dans un rapport de M. le comte de Vaugiraud, gouverneur de cette île, je lis cette phrase remarquable : « *Cette dépense dépasse de beaucoup l'importance de la colonie.* » Je le pense comme lui, et je crois que si vous pouviez disposer d'une pareille somme pour les travaux du génie, dans l'île de la Martinique, vous aimeriez beaucoup mieux l'employer à construire une place à

Chaumont pour couvrir Paris, à en construire une autre pour protéger Lyon, et à réparer celles de nos frontières du Nord.

Mais je suppose un instant que vous rétablissiez le Fort-Royal de la Martinique et les seize batteries qui sont nécessaires à la défense de cette île, vous n'aurez surmonté encore qu'une partie des difficultés. Les subsistances de la population et de la garnison ne peuvent être assurées que pendant trois mois : les farines tirées de France ou de l'Amérique septentrionale ne se conservent que durant cet espace de temps. Vous sentez dès lors que la défense de cette possession dépend exclusivement de notre supériorité maritime, et que si la Martinique ne pouvait pas être enlevée de vive force, elle tomberait inévitablement au pouvoir d'une escadre supérieure qui en ferait le blocus.

Sortons d'illusions dangereuses : entrons dans les réalités ; disons-nous ce qui est vrai : que nous ne possédons aujourd'hui des colonies que sous le bon plaisir de l'Angleterre, et j'ajouterai, dans le système actuel, au grand détriment de notre prospérité agricole, industrielle et commerciale.

Un mot encore sur la défense de cette île. La force numérique des troupes qu'elle exige est de 10 mille hommes, en y comprenant la garnison des Saintes qui en réclament 2,000. Ces forces seraient réparties de la manière suivante : Fort-Royal, 3,000 hommes; — à Saint-Pierre; 1,200; — à la Trinité, 500; — à la Capestère [1], 1,000; — au Marin, au Vauclin, au François, au Gulé [2], 1,000; — en réserve au Gros-Morne, 1,300. — Total pour la Martinique, 8,000.

Ajoutez pour la défense de nos autres possessions aux Antilles, 2,000 hommes ( aux Saintes ), 1,400 ( à la Guadeloupe ), et vous trouverez qu'en temps de guerre nos possessions des Antilles exigent une force disponible de 11,400 hommes.

L'état de paix, dans ces parages, est calculé à 1,400 hommes pour la Guadeloupe, à 300 pour les Saintes, et à

(1) Le Capestère est une commune de la Guadeloupe, et n'est pas dépendante de la Martinique.

(2) Sans doute l'orateur a voulu dire au Galion.

2,000 ou 2,500 pour la Martinique ; ce qui fait un total d'à peu près 4,000 hommes.

Pensez-vous que l'Angleterre nous permettrait, en cas d'apparence de rupture, d'y transporter les troupes qu'exige l'état de guerre ? Votre réponse ne saurait être douteuse.

Je n'ai parlé jusqu'ici que des dépenses en argent que nous coûtent ces colonies, et de la difficulté ou plutôt de l'impossibilité de les défendre. Permettez-moi de vous dire un mot sur l'effrayante consommation annuelle d'hommes dont elles sont l'occasion. Je n'ose pas mettre sous les yeux de la Chambre l'état des pertes éprouvées par nos régimens. Les climats équatoriaux semblent repousser la race blanche : elle ne saurait résister à l'action meurtrière de ce ciel d'airain : elle y est incapable de toute espèce de travail. Les hommes de notre heureuse contrée ne peuvent y vivre qu'au moyen des précautions que nous prenons pour conserver les plantes que nous tirons de ce point de l'Atlantique.

Une race nombreuse transplantée de l'Afrique, y trouve son climat, et semble avoir pris possession d'un pays qui doit un jour lui appartenir. La prudence nous commande de prévenir cet événement, ou du moins de le retarder de manière à ce qu'il s'opère sans secousse et sans aucun dommage pour la race blanche, pour nos concitoyens. Il est loin de ma pensée de vous insinuer l'abandon de ces colonies. Nous devons aux Français qui s'y sont transplantés, sous la protection du Gouvernement, sûreté et sécurité pour leurs personnes et leurs propriétés : nous leur devons quelque chose de plus et de mieux encore ; c'est de les préserver des dangers de leurs préoccupations, de leurs préjugés ! La France ne peut pas continuer long-temps les sacrifices qu'elle fait pour n'admettre dans ses marchés que les sucres et les cafés de ses colonies. Une manufacture ne se soutient en présence d'une manufacture rivale qu'à la condition de faire aussi bien et à aussi bon marché. Les manufactures de sucre et de café que nous avons à Bourbon, à la Martinique et à la Guadeloupe ne peuvent lutter avec celles du continent américain et de l'Inde, qui nous offrent les mêmes produits à 30 pour cent de moins. Le marché exclusif que nous trouvons dans nos colonies ne saurait balancer, par ses avantages, celui que nous présenteraient ces vastes contrées. Nos échanges multipliés, nos relations commerciales plus étendues, nous permettraient l'emploi d'un plus grand nombre de matelots formés à l'expérience des navigations lointaines, dans toutes les parties du globe. Notre richesse s'accroîtrait et avec elle les élémens de notre puissance maritime.

Je le répète, la prime que nous payons à une culture onéreuse pour nous disparaîtra tôt ou tard. Préparons dès aujourd'hui, avec prudence et lenteur, par le système d'un commerce libre, l'époque où la France se déchargera de ce tribut. Combinons la défense de ces colonies avec les ressources que nous offriraient les noirs affranchis et les hommes de couleur.

Dix mille patronés existent à la Martinique dans un état incertain et précaire. Ces patronés sont ou des noirs qui ont reçu la liberté, mais qui n'ont pu payer la somme imposée à leur émancipation, ou d'anciens esclaves que des maîtres humains et généreux ont affranchis, hors de la limite fixée pour les affranchissemens. Confiés à des fidéi-commissaires qui doivent protéger et maintenir leur liberté, ils appartiennent fictivement à des maîtres nouveaux, qui sont leurs patrons; et de là dérive le nom de *patronés*. Répandus dans les savannes qu'ils cultivent, et où ils se procurent une subsistance incertaine et péniblement acquise, libres de fait, qu'ils le deviennent de droit; qu'ils puissent s'attacher à ce sol qu'ils cultivent. Qu'il leur en soit distribué quelque parcelle; vous leur donnerez par là une patrie, et vous les intéresserez à sa défense. Formez quelques bataillons de noirs patronés, de noirs libres, d'hommes de couleur, et vous aurez une force réelle, parce qu'ils pourront supporter les fatigues de la guerre, et résister à l'action dévorante du climat. Les Anglais, qui, dans leur prévoyance, ont aperçu la situation nouvelle de tous les établissemens des Antilles, ont formé des assemblées coloniales qui, sous la direction du gouvernement britannique, suivent un système d'affranchissement progressif:

des bataillons de noirs qu'ils ont organisés, ont été utilement employés à réprimer leurs révoltés de la même couleur.

De vaines et dangereuses théories ne troublent point les faibles lumières de mon esprit; mais je ne saurais demeurer indifférent à l'aspect de l'inconstitutionnalité flagrante, des sacrifices énormes et infructueux, des symptômes menaçans que j'aperçois dans notre régime colonial.

*M. le ministre de la marine :* On a dit que la France ne possédait ses colonies que sous le bon plaisir de l'Angleterre; s'il en était ainsi ce serait une raison de plus pour entrer dans un système qui placerait la France sous le bon plaisir de la France.

Je ne défendrai pas nos colonies sous le rapport du commerce. Si mon honorable et habile collègue le ministre du commerce était ici, il pourrait soutenir cette discussion avec succès; pour moi, je me bornerai à une seule observation à cet égard. C'est bien quelque chose qu'une population de 349,000 habitans (je compte les Européens, les créoles et les noirs) qui consomment en produits de la métropole pour 375 fr. par tête, tandis qu'il résulte de tous les documens statistiques, que les nations étrangères avec lesquelles nous entretenons des relations commerciales ne consomment terme moyen que 55 centimes par tête d'habitant.

Je pourrais faire ressortir encore les avantages de nos colonies relativement à la navigation. Les faits ici parlent d'eux-mêmes; les colonies emploient les 9/16e de notre tonnage. Mais je renonce à traiter la question sous ce point de vue, quelque favorable qu'il puisse être, et je ne m'occupe que de la marine.

Il y a long-temps qu'on a dit : point de marine sans colonies, et c'est là une incontestable vérité. Je vous le demande en effet, où pourrions-nous trouver des abris en temps de guerre, où pourraient se ravitailler nos bâtimens si nous n'avions des ports dans les différentes parties du monde? On observe que nos établissemens ne sont pas susceptibles d'une bonne défense; d'abord je conteste cette proposition. Notre établissement du Sénégal trouve dans sa barre une défense naturelle; Gorée offre une position très forte. On peut mettre facilement Cayenne à l'abri d'un coup de main; Sainte-Marie de Madagascar a un port excellent, au moins pour les frégates; et si nous redevenons, comme nous devons l'espérer, propriétaires du port de Tintingue, nous aurons recouvré plus que nous n'avons perdu dans l'Inde. Nos forts ne sont pas en bon état, dit-on; eh bien! c'est seulement une raison pour les réparer. On ne propose pas, il est vrai, d'abandonner les colonies. Mais qui donc aurait le droit de proposer une pareille mesure? Les colonies ne sont-elles pas françaises? ne font-elles pas partie de la grande famille? Elles ont été fondées par des Français et sont habitées par des Français. S'il était permis de mettre en question l'existence des colonies, parce qu'elles nous sont plus ou moins onéreuses, on pourrait également, Messieurs, demander si tel ou tel département n'est pas plutôt une charge qu'un profit. Les colonies, c'est la France, aucun pouvoir que la force des choses ne peut les détacher de la monarchie.

On compte parmi les dépenses des colonies, 30 millions qui résultent, dit-on, de la différence du prix des sucres sur ceux que nous pourrions tirer des autres pays. Mais d'abord on aurait dû nous dire aussi que ces mêmes colonies reçoivent par an 60 millions et plus de nos produits agricoles ou manufacturés. D'un autre côté, si les sucres de nos colonies sont plus chers que ceux que nous pourrions recevoir de l'étranger, n'est-il pas également vrai que nous pourrions recevoir à meilleur marché le fer, le blé, la laine, etc.? Où conduirait l'application du principe qu'on professe à cet égard? à l'anéantissement de notre agriculture, de notre industrie, et de notre puissance.

On a dit (je réponds aux diverses objections du préopinant autant que ma mémoire peut y suffire), on a dit que les dépenses des colonies n'étaient pas connues, qu'elles n'étaient pas comme autrefois portées au budget. Elles y sont comme autrefois; seulement elles sont comprises dans le département de la guerre, qui s'est chargé de payer les troupes que nous avons aux colonies.

Nos colonies entraînent pour leur défense une dépense de 5 à 6 millions. La seule Barbade coûte à peu près autant aux

Anglais. Le Canada leur coûte le double, et enfin la défense de toutes leurs colonies équivaut, quant aux frais, à notre budget de la marine. Et cependant, Messieurs, les Anglais ne croient pas mal placer leur argent.

Il est certain que les recettes et les dépenses des colonies figurent entièrement au budget, comme il est facile de s'en convaincre; c'est même la première fois qu'on y voit paraître les dépenses locales des colonies. Je n'ai pas le mérite de cette innovation, j'en ai trouvé le travail tout fait: il devait vous être présenté par mon prédécesseur. Un tel ordre doit avoir lieu; mais je ne sais si on peut arriver à faire voter par la Chambre les dépenses locales des colonies, tant qu'elles seront sous un régime exceptionnel. Il n'y en a pas moins une entière sécurité, car ce sont les conseils coloniaux eux-mêmes qui votent et règlent les dépenses. Quant au budget général des colonies, je crois convenable de le faire entrer dans la loi des dépenses; c'est ce qui aura lieu à l'avenir, et vous saurez ce que rapportent et ce que coûtent les colonies.

*M. Lainé de Villevêque*. Je demande la parole. (Aux voix! la clôture!)

La Chambre consultée ferme la discussion.

---

## LETTRE

A Son Excellence le ministre de la marine et des colonies, relative à son discours sur le budget de ce département.

Paris, ce 2 août 1828.

Monseigneur,

L'éloquent et noble discours par lequel V. Exc. a ouvert la discussion sur le budget de la marine et des colonies a reçu de toutes parts des éloges. Les sentimens d'humanité et de justice que V. Exc. a exprimés à la tribune devaient trouver des échos chez nos frères d'Europe; et le pays où nous avons obtenu justice et protection devait se montrer sensible aux promesses d'améliorations que V. Exc. veut introduire dans le système colonial.

Permettez qu'à notre tour, Monseigneur, nous offrions à V. Exc., en notre nom et en celui de nos frères des colonies, nos remercîmens bien sincères pour les mesures humaines et généreuses qu'elle est dans l'intention d'introduire dans la nouvelle organisation du système judiciaire à la Martinique et à la Guadeloupe.

La publicité, la libre défense, le débat oral, l'égalité des peines, voilà sans doute des bienfaits inappréciables et qui feront à jamais bénir dans les colonies le nom du ministre qui les leur a accordés.

Mais, Monseigneur, serait-il vrai, comme semble le faire entendre le discours de M. le commissaire du roi, de Saint-Hilaire, qu'on veuille nous enlever l'immense bienfait du recours en cassation en matière criminelle et correctionnelle? Ah! s'il en était ainsi, nous perdrions plus mille fois que nous ne gagnerions à une nouvelle organisation judiciaire, quelle qu'elle fût par ailleurs. C'est surtout la publicité d'Europe que redoutent les magistrats des colonies; et vous savez, Monseigneur, que c'est à cette publicité seule que nous devons d'avoir échappé une seconde fois à une condamnation aux galères perpétuelles ; c'est à elle que les colonies seront redevables des améliorations que V. Exc. leur prépare.

Sans doute, Monseigneur, nos craintes ne se réaliseront pas ; mais le malheur est défiant, et V. Exc. elle-même a semblé justifier nos soupçons quand elle a dit que l'organisation judiciaire de la Martinique et de la Guadeloupe se prépare sur les bases de celle de l'île Bourbon. Nous savons que votre prédécesseur, par une ordonnance du 30 septembre 1827, a enlevé à l'île Bourbon le recours en cassation en matière criminelle et ne lui a conservé que le recours en matière civile.

Mais, Monseigneur, la vie et l'honneur des citoyens sont-ils donc moins précieux que leur argent? Le sont-ils moins aux colonies que dans la métropole? Et les lois sanctionneraient-elles éternellement la différence qu'un préjugé absurde a établie entre les hommes?

Nous le répétons, Monseigneur, il n'est pas de bienfaits qui pût compenser pour nous la perte du recours en cassation en matière criminelle, pour la Martinique et la Guadeloupe surtout, qui, dans ces dernières années en ont éprouvé les salutaires effets, malgré les obstacles de tout genre.

Nous osons espérer, Monseigneur, que vous aurez égard à notre réclamation ; mais en l'adressant à V. Exc., nous sentons avec douleur, ce que déjà nous avons eu l'honneur de lui écrire, que personne n'a représenté les intérêts des hommes de couleur et des noirs dans la commission que V. Exc. a chargée du travail préparatoire qu'elle doit sanctionner ; et que les colons y ont eu au contraire un puissant appui, puisqu'il est question de sacrifier à leurs sollicitations, la plus forte garantie que les lois nous aient accordée.

Un de nos compatriotes qui arrive récemment de la Guadeloupe, se joint à nous, Monseigneur, pour exposer à V. Exc. que les hommes de couleur de cette colonie, comme ceux de la Martinique, fondent de grandes espérances sur le ministère qui est actuellement à la tête des affaires, et qu'ils attendent spécialement de V. Exc. les améliorations promises depuis la restauration.

Nous sommes avec respect,

de Votre Excellence,

les très humbles et très obéissans serviteurs.

BISSETTE, FABIEN et AUG. GIRARD.

Lettre à Son Excellence le ministre de la marine et des colonies, relative aux ordonnances des 30 août et 24 septembre, sur l'ordre administratif et judiciaire à la Martinique et à la Guadeloupe.

Paris, ce 18 octobre 1828.

Monseigneur,

Deux ordonnances revêtues de la signature royale viennent d'attester au monde que les promesses de

V. Exc. ne sont pas vaines, et qu'au milieu des grands intérêts qui s'agitent en Orient, et auxquels le département dirigé par V. Exc. a tant de part, sa sollicitude s'exerce aussi sur les nationaux et sur les chrétiens des colonies occidentales.

Qu'il nous soit permis toutefois, au moment où la commission nommée par V. Exc. s'occupe spécialement de régler le sort des hommes de couleur, de remettre sous ses yeux une demande à laquelle nous attachons, ainsi que nos compatriotes, la plus grande importance, celle d'être représentés dans une commission qui a et doit avoir tant d'influence sur les déterminations de V. Exc.

Le principe adopté par le nouveau ministère est d'appeler aux discussions préliminaires de tous les actes législatifs ceux qui y sont les plus intéressés, afin de bien connaître leurs vœux et leurs besoins, d'y avoir égard, et de préparer ainsi une plus facile obéissance.

Par quels motifs sommes-nous donc exclus, nous autres hommes de couleur, de toute participation même indirecte à des mesures législatives qui intéressent si fortement notre existence? Serait-ce par suite du préjugé cruel qui nous opprime sur le sol natal, et croirait-on manquer aux convenances et à la dignité, en appelant des mulâtres à l'exercice d'un droit sacré? Ne sommes-nous pas des hommes libres, des sujets dévoués? Si c'est le préjugé de la couleur qui nous repousse des commissions, pourquoi n'y appelle-t-on pas quelqu'un des députés, ou autres qui se sont fait connaître par la défense des intérêts des hommes de couleur?

Tous les magistrats créoles, à leur arrivée dans la métropole, sont de droit admis dans la commission qui va prononcer sur notre sort, et c'est de la bouche de ceux qui se sont faits nos persécuteurs (le passé le prouve), qu'on attend la vérité et des mesures législatives sur nos intérêts les plus chers? Quelque honorables que soient les autres membres qui composent la commission, il n'en est pas un qui se soit identifié avec nous par une profession de principes, conforme aux droits d'égalité qu'une loi déjà ancienne nous garantit. Tous sont portés à transiger sur ces droits, au moyen de quelques concessions qu'on nous fera par les ordonnances à intervenir; concessions qui ne seront jamais des garanties, tant que la justice et le pouvoir seront *exclusivement* confiés à des hommes d'une autre couleur, nés dans les colonies ou ayant épousé leurs préjugés par nécessité de position.

On parle d'une charte des colonies; cette charte ne peut être établie que par une loi. C'est ce que porte expressément l'article 73 du pacte constitutionnel de 1814, qui n'a pas voulu que nous fussions régis exclusivement par des réglemens ou ordonnances, comme on l'a fait depuis 14 ans. Les ordonnances d'ailleurs ont-elles assez de puissance pour faire fléchir devant elles toutes les volontés? et ne sait-on pas comment il est facile de les éluder, ou même d'y résister ouvertement ? Les colons à cet égard sont aussi éclairés que les Français de la métropole. Ils savent quelles sont les limites du pouvoir de la haute administration

Nous ne pouvons donc considérer les ordonnances actuelles que comme des mesures essentiellement provisoires ; et nous ne croirons jamais, lorsque le jury a éte si heureusement établi dans le pays des castes, à Ceylan et dans l'Inde anglaise, que nous devions encore long-temps être privés du jury en matière criminelle. Une cruelle expérience nous démontre qu'il n'y aura pour nous de justice que quand les accusations criminelles seront vidées publiquement par un jury composé indistinctement de citoyens de toutes couleurs. Si les hommes de couleur, qui sont propriétaires et citoyens comme les blancs, étaient appelés avec eux aux emplois publics, dans la milice, dans l'administration et surtout dans l'administration de la justice criminelle, les rivalités de caste disparaîtraient, on ne nous refuserait pas la qualité de citoyen comme vient de le faire le tribunal de la Pointe-à-Pître [1] (23 juillet 1828). On ne

(1) Le sieur Caillau, homme de couleur de la Guadeloupe, avait porté plainte en arrestation arbitraire contre un commissaire de police. Le président du tribunal de la Pointe-à-Pître donne lecture du jugement, dont un des considérans commençait par ces mots : « Considérant qu'un *citoyen* domicilié ne

nous mettrait pas au *carcan* pour avoir manqué de respect aux blancs [1] (22 juillet 1828). On ne verrait pas publier à la Martinique (12 juin 1827) un réglement de police, qui érige en lois des dépêches ministérielles, des arrêts de réglemens, des ordonnances de police, par lesquelles, au mépris de l'édit de 1685, l'inégalité des peines est établie à notre égard (n° 92 et 93 *et passim*). Il nous est enjoint de prendre des noms indiquant par origine un affranchissement (n° 110). Nous sommes exclus de toutes les places où l'on écrit, même de celles de clercs (n° 112), de tous les emplois (n° 111), de l'exercice de la médecine et de la chirurgie (n° 113), où la qualité de *sieurs* et *dames* nous est refusée (n° 114), où le port d'armes et l'achat de la poudre nous sont défendus, comme si nous ne pouvions pas comme les blancs nous livrer au plaisir de la chasse, ou avoir des armes pour notre défense personnelle dans nos ateliers (nos 116-117); où il nous est défendu de nous réunir pour noces, festins ou danses, sans la permission de l'autorité (n° 120). Toutes dispositions intolérables qui nous ravalent au rang d'ilotes

peut être arrêté !....» Le procureur du roi l'interrompt et observe qu'un homme de couleur n'a pas la qualité de *citoyen* : le président cède, et remplace le mot citoyen par le mot *individu*.

(1) Le sieur Pierre Nelson *dit* Cétout, homme de couleur de la Guadeloupe, par suite d'une rixe avec un blanc, a été mis au carcan avec cet écriteau : *Pour avoir insulté un blanc.*

et nous ravissent la jouissance des droits civils et de famille, quand la véritable charte des colonies (l'édit de 1685) veut que nous participions comme les blancs aux droits politiques qui peuvent ou doivent appartenir aux Français d'outre-mer.

Nous ne cesserons, Monseigneur, de réclamer contre un état de choses aussi odieux, car nous sommes des hommes libres, et ce n'est pas sous le règne des Bourbons qu'on parviendra à nous enlever des droits garantis même par le code de l'esclavage.

Nous demandons expressément, avant que de nouvelles discussions s'engagent à notre sujet à la tribune, à être entendus, soit par nous-mêmes, soit par l'organe des hommes qui sont connus pour être nos défenseurs, dans la commission à laquelle V. Exc., à l'exemple de ses prédécesseurs, a confié l'initiative des mesures législatives temporaires qui doivent nous régir.

Nous pourrions, dans les nouvelles ordonnances, vous signaler les dispositions qui prouvent que nous n'avons pas été entendus dans la commission qui les a préparées.

Nous y renonçons pour le moment, afin qu'on ne nous accuse pas d'ingratitude pour les améliorations déjà faites; mais nous prions V. Exc. de vouloir bien statuer sur la demande que nous lui adressons de nouveau, pour être entendus dans la commission, soit par nous-mêmes, soit par l'organe de M. Isambert, notre défenseur et le fondé de pouvoirs de ceux de nos compatriotes qui ont avec nous pétitionné devant les Chambres.

Nous sommes avec un profond respect,

de Votre Excellence,

les très humbles et très obéissans serviteurs.

BISSETTE, FABIEN, Clément GIRARD et Auguste GIRARD.

## ADRESSE

Des Hommes de couleur de la Martinique à M. Eusèbe Salverte, député de la Seine, à Paris.

Saint-Pierre-Martinique, 29 juillet 1828.

Monsieur et très honorable Député,

Votre éloquent discours du 24 mai a traversé les mers, et s'est gravé dans le fond de nos cœurs; nous ne nous lassons pas d'admirer les généreuses paroles que vous avez prononcées du haut de cette tribune où les intérêts les plus chers et les plus sacrés de la France, et ceux plus sacrés encore de l'humanité, sont si noblement défendus. Les sentimens qui les ont dictés vous offrent une assez flatteuse récompense: mais c'est pour satisfaire au devoir que nous impose la reconnaissance que nous osons vous adresser ce sincère hommage de gratitude. Daignez l'agréer avec indulgence, et combler un de nos vœux les plus ardens, en nous conservant votre bienveillante assistance. En vain d'insidieuses suggestions tendent à attiédir le zèle de nos illustres défenseurs. Les désordres que l'on prédit devoir être la suite de la manifestation de certaines pensées libérales à la tribune de la métropole, seront démentis par une conduite sage et modérée. L'insubordination et le désordre sont aussi éloignés de nos vues qu'ils le sont de celles des apôtres de l'humanité, qui prennent en considération notre malheureuse situation, et revendiquent avec les armes de la raison nos droits trop long-temps sacrifiés à l'orgueil indomptable des préjugés de la couleur.

Les liens qui nous unissent à la France par la naissance, le langage et l'inclination se resserrent chaque jour, et les bienfaits de la mère-patrie, la grandeur et la noblesse des représentans de la nation, justifient notre amour et notre attachement pour elle. Nous croyons mériter par notre soumission et notre fidélité l'amélioration de notre sort, et c'est à vous que nous le devrons. C'est à vous surtout, Monsieur et très honorable député, que nous sommes fiers de témoigner notre vénération; puissiez-vous par des jours heureux trouver la récompense qui vous est due! La Providence fera sans doute goûter le bonheur aux ames généreuses qui s'occupent ainsi que vous de soulager l'humanité.

Nous sommes, etc. (Suivent les signatures.)

Lettre de M. Eusèbe Salverte à MM. Bissette et Fabien.

Troyes, 23 septembre 1828.

Messieurs,

La lettre que vous m'avez fait l'honneur de m'écrire, et celle que vos concitoyens de la ville de Saint-Pierre ont eu la bonté de m'adresser, me sont parvenues en cette ville, où je suis venu passer quelques jours ; il m'est difficile de vous exprimer la reconnaissance dont l'une et l'autre me pénètrent. On ne mérite point de remercîmens pour faire son devoir ; c'est à cela que se bornent tous mes services. Je voudrais avoir fait beaucoup plus et beaucoup mieux : il m'est doux de penser que vous et vos amis vous êtes sûrs que ce n'est point la bonne volonté qui m'a manqué.

Si, d'après notre dernière conversation, je n'avais pas cru, Messieurs, que vous aviez quitté la capitale pour faire un voyage en Amérique, je vous aurais sûrement prévenus. Je regrettais de ne pouvoir pas savoir de vous quelle opinion l'on doit se former de l'ordonnance royale qui constitue le pouvoir administratif et judiciaire à la Guadeloupe et à la Martinique ; je n'en ai point été satisfait, il s'en faut de beaucoup : je crois facile d'y relever des vices essentiels ; mais enfin est-ce une amélioration ? peut-on y voir un premier pas vers le bien, qui doive en faire espérer de plus considérables. Il est digne de votre zèle pour les intérêts de vos concitoyens et pour les intérêts de la patrie, de vous livrer à une discussion approfondie de cet acte important; discussion que vous pourrez, lorsque la session sera ouverte, communiquer aux Députés et aux Pairs qui sentent la nécessité de rendre la législation des colonies plus conforme aux principes de la justice.

Permettez-moi de vous transmettre ma réponse à la lettre de vos concitoyens. L'expression de mes sentimens acquerra plus de prix aux yeux de vos amis quand vous vous chargerez de la leur faire parvenir.

Agréez, je vous prie, Messieurs, mes sincères remercîmens, et l'assurance de mon dévouement et de ma considération distinguée.

*Signé* EUSÈBE SALVERTE, *député de la Seine.*

Lettre de M. Eusèbe Salverte en réponse à l'adresse des Hommes de couleur de la Martinique.

Troyes, 23 septembre 1828.

Messieurs,

La lettre dont vous m'avez honoré m'a profondément ému. Je ne puis justifier les sentimens qu'elle exprime que par la sincérité des vœux que je forme pour que, chaque jour améliorées, des lois équitables vous placent enfin où vous devez être, et vous assurent tous les droits que vous confère votre qualité de Français, et que mérite votre attachement pour notre commune patrie.

En défendant votre cause, c'est la cause de la France que j'ai défendue. Il est de son intérêt d'être juste envers tous les citoyens dont se compose sa brillante population ; et nous devrions réclamer cette égalité de justice, lors même que nous ne serions pas conduits par des sentimens plus nobles que ceux de l'intérêt, par le sentiment de l'équité et celui de l'affection mutuelle que se doivent les enfans d'une même patrie.

Persévérez, Messieurs, dans la conduite loyale et mesurée qui jusqu'à présent a rendu vos droits encore plus chers à tous les amis de la justice. Répondez victorieusement aux craintes qu'affectent vos adversaires, lorsque vous vous montrez soumis invariablement à des lois dont vous relevez les vices, et dont vous sollicitez la réformation. Le temps et les lumières, ces grands auxiliaires des causes justes, ne cesseront pas de travailler pour vous. Puissé-je voir le jour où leur succès ne sera plus douteux ; où nos colonies, plus heureuses et plus fertiles par l'amour indissoluble de leurs citoyens, n'en seront que plus attachées à la métropole ! Les lumières alors auront fait un pas mémorable, et l'humanité une noble conquête.

Agréez, je vous prie, Messieurs, l'expression de ma juste reconnaissance, et celle non moins sincère de ma haute considération.

Eusèbe Salverte, *député de la Seine.*

Adresse des Hommes de couleur de la Martinique à M. B.-Constant, député.

Saint-Pierre-Martinique, 29 juillet 1828.

Monsieur et très honorable député,

Quatre fois vos nobles accens se sont fait entendre en notre faveur à la Chambre des représentans de la France, et nous regrettons que dans la mémorable séance du 24 mai aucune opposition au renvoi de la pétition ne vous ait permis de foudroyer de votre éloquence le système dont nous sommes victimes. Digne émule de Démosthènes et de Cicéron, vous sauverez un peuple malheureux; oui, vous nous sauverez, car rien ne peut résister à la force de vos raisonnemens. Nous attendons avec résignation que votre persévérance à reproduire à chaque occasion la nécessité de changer la législation qui nous opprime, fasse luire pour nous des jours sereins. Fidèlement attachés à la France, nous confions avec assurance nos destinées à la générosité des philanthropes qui jugent avec raison que le monstrueux système colonial est incompatible avec la stabilité des colonies. O vous surtout, éloquent et vénérable orateur, daignez être toujours le plus ferme appui d'une population infortunée, et recevez l'hommage de la reconnaissance et du respect qu'elle vous a voués pour toujours.

Nous sommes, etc.

Lettre de M. B. Constant à M. Bissette.

Bade, ce 23 septembre 1828.

Monsieur,

Je reçois avec beaucoup de reconnaissance la lettre de vos compatriotes. Je regarde comme un de mes titres d'honneur d'avoir défendu leur cause qui est celle de l'humanité et de la justice, et je saisirai toutes les occasions pour la défendre de nouveau.

Agréez, Monsieur, avec l'expression du vif intérêt que vous et vos compagnons d'infortune m'inspirez, l'assurance de ma haute et bien sincère considération.

*Signé* B. Constant.

Lettre des Hommes de couleur de la Martinique à M. Alex. de Laborde, député de la Seine, à Paris.

Saint-Pierre-Martinique, 29 juillet 1828.

Monsieur et très honorable député,

Nous savions que les intérêts les plus sacrés de la France étaient défendus à la tribune nationale par votre noble éloquence, mais nous ignorions que nous fussions l'objet de votre sollicitude, lorsque la séance du 24 mai est venue, comme un gage de consolation, ouvrir nos cœurs à l'espérance et à la joie. Vous avez dévoilé aux yeux de la France entière le tableau de notre situation politique, qui contraste d'une manière si frappante avec le dix-neuvième siècle. Achevez l'ouvrage que vous avez commencé avec tant de succès; soyez l'ange tutélaire d'une malheureuse classe d'hommes sincèrement attachés à la France, et que l'on s'efforce en vain de calomnier. Aucun excès ne suivra vos éloquens discours, et notre conduite présente et future démentira les insinuations perfides que des personnes, malheureusement intéressées à nous tenir sous le joug, ne cessent d'opposer au zèle des amis de l'humanité. Mais la vérité et la justice doivent triompher d'un système qui repose sur de vils motifs d'intérêt et sur des préjugés incompatibles avec les lumières de la raison. Nous n'oublierons jamais, Monsieur et très honorable député, que vous avez le premier, en cette mémorable séance, élevé la voix en notre faveur, et si la reconnaissance de tout un peuple peut être de quelque prix pour un cœur aussi magnanime que le vôtre, souvenez-vous qu'à deux mille lieues une population entière bénit votre nom, et fait des vœux pour votre bonheur et la conservation de vos jours.

C'est dans ces sentimens que nous sommes, Monsieur, etc. (*Suivent les signatures.*)

Réponse de M. de Laborde aux Hommes de couleur.

Paris, ce 3 octobre 1828.

Messieurs,

Les sentimens que vous voulez bien m'exprimer (d'une manière seulement trop flatteuse) m'ont profondément touché ; mais je n'avais pas besoin, pour prendre un vif intérêt à votre cause, d'être rassuré *sur les conséquences* de nos démarches en votre faveur. Il m'a toujours répugné de balancer à faire le bien dans la crainte du mal, de croire que la justice ait jamais rien de dangereux et que l'ingratitude soit la suite naturelle des services ou des bienfaits. Ce sont là de ces vieilles idées auxquelles les bons esprits et surtout les bons cœurs ne croient plus, et que ne partage point sans doute le digne ministre de la marine qui nous a promis de s'occuper bientôt de votre sort. Une ère nouvelle a commencé pour la France ; et, quoique les plus éloignés, vous ne serez peut-être pas les derniers Français qui en éprouveront l'heureuse influence. Croyez, Messieurs, que je serai heureux de contribuer de mes faibles efforts à tout ce qui pourra améliorer votre situation. Je vous prie d'en agréer l'assurance, ainsi que celle de ma haute considération.

Votre très humble serviteur,

ALEX. DE LABORDE, *député de la Seine.*

Lettre de M. B.-Constant à M. Bissette.

Brumath (Bas-Rhin), 14 octobre 1828.

Monsieur,

Un surcroît d'affaires inattendues m'a privé jusqu'à présent du plaisir de répondre à vos concitoyens de la Martinique, et de les remercier de leur lettre, qui m'a pénétré de reconnaissance. Impatient de mettre un terme à ce long retard, je vous adresse ma réponse en vous priant d'y mettre l'adresse et de la leur faire parvenir. Si vous croyez utile de la rendre publique, comme celles de MM. Eusèbe Salverte et de Laborde, je vous y autorise, et c'est avec bien de l'empressement que je saisis cette occasion de vous renouveler l'assurance de mon parfait attachement et de ma haute considération.

Benjamin Constant.

Réponse de M. B.-Constant aux Hommes de couleur de la Martinique.

Brumath (Bas-Rhin), 14 octobre 1828.

Messieurs,

Je me trouve heureux d'avoir concouru avec mes collègues à défendre vos concitoyens contre un système d'oppression et d'injustice auquel la sagesse royale a heureusement commencé à mettre un terme. Convaincu des bonnes intentions du ministre actuel de la marine, je ne doute pas qu'il ne travaille à entourer vos droits de solides garanties. L'occasion de juger ce qu'on a fait et ce qu'on prépare pour l'amélioration du régime colonial, se présentera nécessairement lors de la discussion du budget. Je m'appliquerai jusqu'alors à étudier vos intérêts pour plaider encore votre cause. Nous ne sommes plus dans le temps si triste à rappeler, où des ministres voulaient et pouvaient étouffer notre voix.

Ma confiance dans celui qui peut influer spécialement sur vos destinées est d'autant plus grande que je l'ai vu simple député appuyer vos réclamations et celles de vos frères plus malheureux encore. Mais cette confiance n'arrêtera jamais ma franchise, et en applaudissant au bien qu'il fera, je croirai toujours de mon devoir d'indiquer le mieux qu'il faut atteindre. Si, d'ici à l'époque de nos discussions, vous voulez m'éclairer de vos lumières, je profiterai avec empressement des renseignemens que vous me transmettrez, et je vous prie d'agréer, Messieurs, l'assurance de mon zèle, de mon dévouement et de ma haute considération.

BENJAMIN CONSTANT,
*Député du Bas-Rhin.*

Les Hommes de couleur de la Martinique à M. Dupin aîné, député.

Saint-Pierre-Martinique, 29 juillet 1828.

Monsieur et très honorable député,

Votre voix éloquente s'est fait entendre dans la séance du 24 mai, en faveur d'une portion d'hommes malheureux. Vous avez acquis des droits à notre éternelle reconnaissance, et nous venons vous offrir, quoique imparfaitement, notre tribut d'hommage et de gratitude. C'est un devoir que nous remplissons avec une sorte d'orgueil. Eh! quels hommes ne seraient pas fiers d'être l'objet de la sollicitude généreuse d'un talent du premier ordre, qu'anime d'ailleurs la saine philanthropie!

La justice et la vérité sont habituées à vous avoir pour organe, et ce ne sera point en vain que vous aurez parlé pour nous; avec un appui si éloquent, nous ne désespérons plus du succès de notre cause. Continuez, Monsieur et très honorable député, à défendre une classe infortunée, attachée sincèrement à la France et privée des avantages que les institutions de ce beau pays offrent à ses autres enfans. Ne craignez pas que nous abusions jamais de votre assistance, et que nous vous donnions sujet à regretter d'avoir élevé la voix pour nous; vos paroles sont des semences qui ne rapporteront jamais des fruits amers.

Si nos vœux les plus sincères sont exaucés, une félicité durable sera le prix de vos nobles travaux.

C'est dans ces sentimens que nous vous prions d'agréer,

Monsieur et très honorable député,

L'expression de la vénération et de la gratitude de vos, etc., etc. (*Suivent les signatures.*)

Les Hommes de couleur de la Martinique à M. Lainé de Villevêque, député du Loiret.

Saint-Pierre-Martinique, 29 juillet 1828.

Monsieur et honorable député,

Appelé par la grande nation à défendre ses droits, vous fîtes dès lors connaître à toute la France que dans ses colonies il existait une caste infortunée qui gémissait depuis long-temps sous un joug oppressif.

Lorsqu'en 1823 la faction coloniale combla la mesure de nos malheurs, votre voix éloquente, privée alors de se faire entendre à la tribune, ne put dévoiler à l'Europe indignée l'affreuse machination qui venait d'arracher la plupart de nos frères à leur sol natal, pour les transplanter sur les sables brûlans de l'Afrique; mais vous ne négligeâtes rien par vos démarches auprès du ministère et d'un auguste personnage pour faire triompher la justice. Maintenant que votre sollicitude et celle de plusieurs de vos dignes collègues ont fait luire les rayons bienfaisans de la vérité, et qu'ils ont pénétré dans tous les cœurs vraiment français, maintenant, disons-nous, que la France sensible à nos maux semble nous promettre des jours plus sereins, nous venons vous prier d'agréer, Monsieur et honorable député, l'expression de nos sincères remercîmens et celle de notre vive et éternelle reconnaissance.

On cherche à prouver par d'insidieuses allégations que nous sommes indignes de jouir des droits que nous revendiquons; nous protestons d'avance aux illustres défenseurs de notre juste cause, que jamais nous ne leur donnerons lieu de se repentir d'avoir entrepris la défense d'une caste inoffensive, qui d'ailleurs, dans toutes les circonstances, a fait preuve de sagesse et de modération.

C'est dans ces sentimens que nous avons l'honneur d'être,

Monsieur, etc. (*Suivent les signatures*.)

Réponse de M. Lainé de Villevêque.

Orléans, 21 octobre 1828.

Messieurs,

Il m'a été bien doux de recevoir de votre part une marque de votre bon souvenir. Défenseur des infortunés, dévoué au culte de la justice et de l'humanité, pouvais-je rester insensible à l'oppression qui pesait sur une classe nombreuse d'hommes estimables et courageux, que la Providence semble multiplier dans les colonies pour en être les défenseurs naturels ? Hélas ! à l'époque douloureuse qui arracha de leur patrie une foule d'innocentes victimes pour les jeter sur les sables brûlans du Sénégal, le parti qui prostituait le glaive de la loi et de l'autorité pour vous accabler, craignant les révélations que j'aurais faites à la tribune sur cette déplorable affaire, redoubla d'intrigues, de fraudes, de corruption, de menaces et de violences, pour empêcher ma réélection. Il y réussit, et je ne pus alors servir votre cause que par mes démarches et mes sollicitations auprès du ministre de la marine d'alors, et spécialement auprès de l'auguste héritier du trône, prince adorable, qui n'a cessé, malgré les piéges et les faux rapports dont on l'entourait, de se montrer juste, bon et sensible à vos malheurs. C'est à sa puissante protection qu'est dû l'adoucissement apporté à vos infortunes.

Ayant eu l'honneur d'avoir le premier, depuis la restauration, pris votre défense à la tribune dès 1818 et 1819 ; ayant enfin ouvert la lice où plusieurs de mes honorables collègues ont marché avec tant de zèle et de talent, certes, je ne déserterai pas votre cause. Mais pourrions-nous oublier que la sagesse et la bonté de notre excellent monarque veillent sur tous ses enfans des colonies comme de la métropole ; que son auguste et digne fils a toujours été le protecteur des opprimés et des infortunés ; qu'un ministre plein de loyauté, de sensibilité et de sagesse, ami de la justice et de l'humanité, a déjà, avec une prudente circonspection, apporté de grandes améliorations au régime des colonies, et qu'il s'est couvert de gloire en prenant généreusement votre défense dans les sessions précédentes?

Par votre douceur, par votre modération, par votre respect pour les lois, par votre amour et votre dévoûment pour notre auguste monarque et son illustre famille, montrez-vous dignes de sa protection et de ses bienfaits.

Que jamais aucun écart, aucune imprudence, aucune exaltation ne donnent à vos adversaires la moindre prise contre vous; et bientôt l'exécution du Code noir, amélioré par une sage philanthropie et par l'expérience, fera le bonheur, la prospérité et la sûreté des colonies, et de toutes les castes qui les habitent.

Agréez, Messieurs, l'assurance de ma considération et de mon dévoûment.

*Signé* LAINÉ DE VILLEVÊQUE.

Lettre de M. Eusèbe Salverte à M. Fabien.

Nogent-sur-Seine, 9 novembre 1828.

Monsieur,

En me donnant connaissance des démarches que, de concert avec vos concitoyens, vous faites pour provoquer, dans nos colonies, l'établissement d'un ordre de choses conforme au texte et à l'esprit de la Charte, et aux principes imprescriptibles de la raison et de la justice, vous m'accordez une preuve d'estime et de confiance dont je suis très reconnaissant.

Votre démarche près de M. le ministre de la marine est parfaitement convenable; j'ignore quel en sera le succès, mais je sais qu'on ne peut repousser votre demande par aucun argument plausible. Si vous vous trouvez plus tard dans le cas de la reproduire devant la Chambre élective, je m'honorerai du soin de la soutenir : je m'honorerai de remplir mon devoir; mes commettans et ma conscience n'admettent point de différence entre les citoyens français; tous sont égaux devant la loi.

Sous huit à dix jours, je serai de retour à Paris. J'irai sûrement vous voir, Monsieur; j'éprouverai une véritable satisfaction à faire la connaissance de vos amis, messieurs Girard, et à vous témoigner de vive voix mes sentimens sincères de dévouement et de considération distinguée.

EUSÈBE SALVERTE, *député de la Seine.*

**Lettre de M. Eusèbe Salverte à M. Bissette.**

Paris, 15 novembre 1828.

Monsieur,

En arrivant à Paris, j'ai trouvé votre présent et votre lettre; je ne puis trop vous exprimer la reconnaissance que l'un et l'autre m'inspirent. Si je suis digne d'être réuni à deux députés déjà honorablement connus par leurs talens et leur caractère, mon zèle seul me donne des droits à cette distinction. Ce zèle se soutiendra toujours le même. C'est servir les les véritables intérêts de la France, que de combattre un misérable préjugé qui tend, contre les paroles sacramentelles de la Charte, a établir une égalité de droit entre les Français.

J'ai lu dans les journaux les nouveaux faits que vous avez révélés. La publicité est une première punition des oppresseurs ; elle promet une sauvegarde aux opprimés : mais pour atteindre le but, il faut, comme l'ont fait jusqu'ici vos amis, à votre exemple, joindre la persévéance à la prudence, et ne se point lasser d'opposer la vérité et l'évidence de la justice, à la raison et aux prétentions d'un orgueil oppresseur.

Votre ami, M. Fabien, m'a communiqué la lettre que vous avez écrite en commun à M. le ministre de la marine. On ne peut rien opposer de plausible à votre demande; et je crains néanmoins que l'on n'y ait pas égard autant qu'elle le mérite.

Une discussion approfondie des ordonnances relatives aux colonies, discussion corroborée par tous les argumens que peuvent fournir les connaissances locales, et qui, dès lors, échappent trop souvent aux personnes qui n'ont point habité les colonies ; voilà, Monsieur, un travail digne de vous et de vos amis. Vous aplaniriez la route à vos défenseurs, dans la séance prochaine; vous leur faciliteriez les moyens d'arriver à une Charte coloniale *fondée sur des lois*, et non pas uniquement sur des *ordonnances*.

Ce sera avec un grand plaisir que j'aurai l'honneur de vous recevoir avec M. Fabien et MM. Girard. Puisque vous m'invitez à vous donner un jour, permettez-moi de vous indiquer mardi prochain vers deux heures. Tout autre moment me conviendrait, s'il s'accordait mieux avec vos occupations.

Recevez, Monsieur, tous les remercimens que je vous dois; ils partent du cœur, et sont aussi sincères que les sentimens de dévoûment et de considération distinguée dont je vous prie d'agréer l'expression.

EUSÈBE SALVERTE.

Lettre circulaire de S. E. le gouverneur de la Guadeloupe aux chefs principaux de division de ladite île.

Basse-Terre-Guadeloupe, septembre 1828.

Monsieur le chef principal,

Je crois devoir appeler votre attention sur les effets qu'ont pu produire des nouvelles répandues imprudemment dans la colonie, relativement à des changemens dans la législation qui concerne les hommes de couleur. Les discours prononcés en faveur de cette classe à la tribune de la Chambre des députés n'ont pu manquer de réveiller son attention et de lui faire concevoir des espérances, dont il pourrait résulter des désordres qu'il s'agit de réprimer. En conséquence, je vous invite à exercer la surveillance la plus active (bien que non ostensible) sur les hommes de couleur de votre division, libres ou esclaves : vous devez vous attacher à connaître leurs démarches, leurs fréquentations habituelles, et ceux d'entre eux qui paraissent avoir le plus d'ascendant sur les autres. J'aime à penser que cette classe, qui se conduit généralement très bien, sentira le prix du bonheur dont elle jouit à l'abri des lois protectrices de ses propriétés et de son industrie ; mais si la surveillance que je demande est nécessaire dans tous les temps, vous sentirez, Monsieur le chef principal, qu'elle le devient davantage aujourd'hui. C'est surtout à MM. les officiers de la milice de couleur qu'il appartient de l'exercer. Quant à la milice blanche, elle doit être toujours prête à agir au besoin, particulièrement les dragons. A cet effet, et sans que cela paraisse être produit par la préoccupation ou l'inquiétude d'aucun danger, je vous invite à ne pas négliger de faire les inspections de milice (sans distinction de couleur) qui sont prescrites par les ordonnances, sans toutefois aller au-delà. Une semblable attitude éloignera la pensée que pourraient avoir quelques agitateurs de faire quelque entreprise coupable, et maintiendra enfin le bon ordre et la tranquillité dans la colonie. Je vous prie de m'accuser réception de cette lettre et de ne la communiquer qu'aux personnes qui ont votre confiance et qui doivent contribuer avec vous à l'exécution de ce qu'elle prescrit [1].

Recevez, Monsieur le chef principal, l'assurance de ma considération distinguée.

Le gouverneur, pour le roi, de la Guadeloupe et dépendances,

*Signé*, le baron des ROTOURS.

(1) Il est assez étrange de voir un gouverneur des colonies blâmer dans une circulaire les discours prononcés à la tribune par d'honorables députés, en faveur des hommes de couleur, comme pouvant porter ceux-ci au désordre. M. Hyde de Neuville a lui-même, dans le cours de cette session, donné des assurances qui pouvaient laisser concevoir des espérances pour un nouvel ordre de choses. Sans doute, M. le baron des Rotours comprend dans la même proscription les discours de Son Exc. S'il juge qu'ils sont imprudens et de nature à causer cette exaltation dont la classe privilégiée paraît craindre les suites, c'est assez faire connaître son opinion personnelle sur l'opportunité des changemens que prépare le Gouvernement dans la législation coloniale et les sentimens qui le guideront dans l'exécution des ordres qu'il pourrait recevoir à cet égard. En prêtant des dispositions menaçantes aux hommes de couleur qui, sous l'oppression si pesante des colons, n'ont pas songé encore à se révolter, n'est-ce pas insulter au bon sens? Supposer de leur part une insurrection au moment où il serait question d'apporter un changement à leur situation, n'est-ce pas méconnaître l'autorité des faits, et se méprendre volontairement sur leurs véritables intérêts? Mais on espère effrayer le gouververnement, et obtenir de la prédilection bien connue du ministère de la marine pour les colons l'ajournement ou peut-être même la révocation des mesures favorables aux hommes de couleur; c'est du moins l'opinion généralement répandue aux colonies. Du reste cette tactique est déjà usée, et M. le baron des Rotours n'a pas eu l'esprit de la rajeunir. (BISSETTE.)

# AFFAIRE
## DE LA DAME MARLET.

### TRIBUNAL DE PREMIÈRE INSTANCE
Du Fort-Royal-Martinique.

(Audience des 30 juin et 1er juillet 1828.)

La dame Dubuc-Derivery, veuve Marlet, propriétaire d'une sucrerie au quartier du Robert, était depuis long-temps signalée par d'horribles sévices envers ses esclaves, et par une administration si vicieuse, qu'elle rendait infructueuse entre ses mains un des biens les plus beaux de la colonie. Les propriétaires voisins se plaignaient continuellement des excès et des vols commis chez eux par les nègres de l'habitation Marlet, contraints en quelque sorte de chercher dans le pillage la nourriture qui leur était refusée par leur maîtresse. A cet égard, la clameur était si générale, si unanime, que le commandant du quartier, las des vains efforts qu'il n'avait cessé de faire pour mettre un terme aux cruautés commises par madame Marlet, se vit forcé, bien qu'habitant lui-même et propriétaire d'esclaves, de la dénoncer à l'autorité supérieure.

Déjà, par suite de son rapport, la justice était intervenue pour remédier à ces désordres. En 1827, une action avait été formée d'office par M. le procureur du roi près le tribunal de première instance du Fort-Royal (M. Caverot, aujourd'hui président du tribunal de Saint-Pierre), afin de faire interdire madame Marlet de la gestion de son habitation; mais l'influence de ces considérations absurdes, odieuses, qui jusqu'à présent ont suspendu toutes les améliorations dont la raison, le temps, la nécessité réclament impérieusement l'application dans le régime colonial, ces influences si fortes, si puissantes de l'inexécution des promesses renouvelées à la tribune chaque année, ralentirent la marche du ministère public, paralysèrent son action. Funeste résultat qui donne lieu à un crime nouveau, crime atroce, quelle qu'en soit la cause, quel qu'en soit l'auteur.

Une négresse de madame Marlet avait été saisie en ville à la requête d'un des nombreux créanciers de cette dame; la vente judiciaire en fut ordonnée, et l'acquéreur autorisé à s'emparer des enfans de cette négresse, conformément aux dispositions de l'article 47 de l'ordonnance de 1685, qui, par motif d'humanité, ne permet pas de vendre la mère séparément de ses enfans impubères.

Il paraît que cet acquéreur avait eu l'adresse de se faire remettre ces enfans, et que madame Marlet soupçonna que le nègre Remy, leur père, également esclave de son habitation, les avait lui-même livrés. Aussitôt le bruit se répandit que, le dimanche 30 mars 1828, un nègre de l'habitation Marlet était mort sous les coups qui lui avaient été donnés par l'ordre de sa maîtresse ; on rapportait encore d'autres atrocités de ce genre. Animé d'un zèle d'autant plus louable qu'il est peu commun dans ce pays, où il est loin d'être apprécié, où souvent même il n'est pas sans danger, M. de Bausset-Roquefort, procureur du roi, nouvellement arrivé de France, se transporta immédiatement sur les lieux, afin de mettre la justice à même de prendre une connaissance entière et exacte de l'événement. M. le président du tribunal, que l'ordonnance de 1670, sous le joug de laquelle la Martinique gémissait alors, appelait à remplir les fonctions aujourd'hui déférées au juge d'instruction, l'accompagnait. L'instruction commença. Le corps du nègre Remy, mort depuis treize jours, fut exhumé ; mais il était dans un tel état de dissolution, qu'il fut impossible de faire l'autopsie du cadavre, et surtout de reconnaître si, comme le prétendait la dame Marlet, Remy s'était empoisonné avec un verre de tafia arsenisé.

D'autres délits étaient dénoncés, on dut en faire la recherche. De 150 nègres travaillant sur l'habitation, plus de la moitié s'était enfuie, dans la crainte d'éprouver le sort de Remy ; il n'en restait que 69. Ils furent visités : des traces de blessures profondes indiquaient les châtimens cruels qui leur avaient été infligés. Entre autres, la négresse Firmine avait sur la poitrine une cicatrice longue et profonde. Un nègre fut trouvé enfermé depuis plusieurs jours dans un cachot, sans nourriture; plusieurs avaient les membres fracturés, etc.

Sous le poids de présomptions si graves, devenues plus accablantes encore par les déclarations des habitans voisins, la dame Marlet fut décrétée de prise de corps et conduite dans les prisons du Fort-Royal. Après une procédure qui a duré près de trois mois, elle a comparu le lundi 30 juin devant le tribunal de première instance, jugeant en premier ressort les affaires criminelles, conformément à l'ordonnance royale du 4 juillet 1827. M. le procureur du roi ayant requis que l'audience eût lieu à huis-clos, le tribunal a rendu le jugement suivant :

Vu l'article 7 de l'ordonnance du 4 juillet 1827, ainsi conçu : Si la publicité était jugée dangereuse pour l'ordre et les mœurs, l'audience pourrait avoir lieu à huis-clos. Dans ce cas, le tribunal déclarera par un jugement, etc.

Attendu que rien dans la cause ne peut blesser les mœurs, ni porter atteinte à l'ordre public ; qu'au contraire, la justice étant la même pour tous, ne mérite que plus de respect et tire une force nouvelle de la publicité de ses débats;

Par ces motifs, sans avoir égard au réquisitoire de M. le procureur du roi, le tribunal ordonne que les débats de cette cause auront lieu en audience publique en la forme ordinaire.

Le rapport a eu lieu ensuite, il a été fait par M. Auban, président, et a duré plusieurs heures; il a été suivi de l'interrogatoire de l'accusée. Dans cet interrogatoire la dame Marlet a prétendu qu'effectivement Remy avait été battu par ses ordres, pour avoir favorisé l'enlèvement des enfans de Frazile, mais que sa mort ne devait être attribuée qu'au poison qui lui avait été administré par le nègre Ozé. Sur les autres chefs de l'accusation, elle cherchait à se disculper en disant que ses nègres étaient tous mauvais sujets ; que pour maintenir la discipline et les corriger, elle avait dû leur faire infliger des punitions sévères ; qu'au surplus elle n'avait pas été plus cruelle que bien d'autres habitans, et que ce n'était pas sa faute si les commandeurs avaient mis des fils d'archal dans les fouets dont ils se servaient pour frapper.

L'affaire renvoyée au lendemain 1er juillet, M. de Bausset-Roquefort, procureur du roi, a ouvert l'audience par un réquisitoire qui a duré deux heures et demie. Ce magistrat a commencé à peu près en ces termes :

« Dans l'instruction de la procédure dont le rapport vient d'être fait, notre ministère fut pénible, soit par la nature de la cause, soit par le rang de la personne qui devint l'objet de nos poursuites. Des mesures rigoureuses et indispensables furent prises, les difficultés se présentèrent en foule ; des piéges nous furent tendus ; on osa résister aux décisions judiciaires ; on insulta l'autorité ; on critiqua ses actes ; nous conservâmes dans cette grande agitation le calme et la dignité qui conviennent au magistrat, et nous avons prouvé que nous ne nous laissions pas enivrer par les éloges, ni abattre par le blâme. Déjà le rapport de M. le président a dévoilé à vos yeux la longue liste des malheurs, résultat inévitable d'une administration monstrueuse; déjà vous connaissez la multitude des faits que nous qualifierons plus tard. »

M. le procureur du roi établit trois chefs d'accusation qu'il discute successivement : 1° châtimens cruels et inhumains envers ses esclaves; 2° coups et blessures envers la négresse Firmine; 3° assassinat sur la personne du nègre Remy. Tous les chefs de l'accusation lui paraissent légalement prouvés par les dépositions faites au procès, indépendamment du témoignage des esclaves qui, dans l'instruction, conformément à l'art. 30 de l'ordonnance royale du mois de mars 1685, n'ont été entendus que pour servir de mémoire et aider à éclairer l'affaire. Après avoir rappelé la législation applicable à l'espèce, il termine ainsi :

« Telle est, Messieurs, la législation protectrice en vigueur dans cette colonie; cette législation ne saurait être impuissante dans l'espèce. Vainement le crime fut entouré de voiles impénétrables, le mystère d'une administration monstrueuse a été découvert; le cri de l'opprimé est enfin arrivé jusqu'à vous, quoique long-temps les plaintes eussent été étouffées. Votre décision, en faisant respecter les droits de l'humanité, augmentera la force d'une justice sévère, car jamais la punition d'un crime n'encouragea de coupables projets. Lors de l'arrestation de l'accusée, de sinistres présages [1] nous accusaient d'avoir osé remplir le plus pénible, mais le plus rigoureux devoir; ces présages ont été mensongers. La force, nous le répétons; ne saurait faire germer des pensées coupables, la faiblesse de l'administration judiciaire pourrait seule enfanter le désordre et produire les plus grands malheurs. A vos pieds viendra expirer le fantôme d'un préjugé qui ne repose que sur la susceptibilité, et non sur les véritables intérêts locaux. Si l'on profère encore ce mot magique, *d'intérêt colonial*, nous demanderons qu'on nous explique le sens de ce mot. Jusqu'à présent nous l'avons vu interprété diversement et par les mêmes personnes. Un jour il doit protéger les droits légitimes, le lendemain il doit être un égide impénétrable contre les droits les plus sacrés. Et nous aussi, nous nous occupons de l'intérêt colonial, mais c'est en donnant à ce mot la seule signification qu'il doive renfermer, et non en le faisant plier aux circonstances et aux caprices. Eh quoi! vous, colons, voudriez-vous consentir qu'il fût proclamé en principe que l'intérêt colonial proscrit la pitié, l'humanité, la religion, la justice?

(1) C'est ainsi que les colons entendent la justice : ils sont scandalisés de la poursuite dirigée dans l'intérêt des esclaves contre une dame appartenant à la classe privilégiée. Le procureur du roi est obligé de justifier ce que son zèle pour la justice lui a dicté de faire, et de représenter aux colons que le mal est dans le crime et non dans le châtiment. (BISSETTE.)

voudriez-vous qu'on regardât comme condition nécessaire de votre existence, que chez vous les crimes les plus atroces fussent impunis? Non, Messieurs, nous aimons à le dire hautement, la plupart des habitans que nous avons connus sont recommandables principalement par la douceur de leur caractère; la justice et la générosité président à leur administration; quelques-uns pèchent par trop d'indulgence; tous sont hospitaliers et bienfaisans; beaucoup nous représentent avec vérité [1], lorsqu'ils se trouvent au milieu de leurs esclaves, les patriarches de l'Écriture, entourés de leurs nombreux enfans. Mais quel est le peuple chez lequel il ne se commet jamais de crimes?

Dans tous les pays, dans toutes les classes, partout où se trouve une réunion d'hommes, il se trouve malheureusement des gens qui méritent d'être proscrits de toute société.

Excuser des désordres tels que ceux que nous venons de vous dénoncer, ce serait en quelque sorte reconnaître que ces désordres sont communs; tandis que la punition du coupable prouvera que les faits qui nous occupent sont une exception que vous détestez. C'est alors qu'en Europe même on pourra ajouter un grand exemple de justice à ce que l'on a pu citer dans tous les temps pour repousser des calomnies. Alors on pourra dire que la jus-

(1) Selon l'expression de M. le vicomte Lainé, dans la Chambre des pairs.

tice conserve ici, comme en France, son indépendance et sa dignité, et que les plus puissans ne sauraient se soustraire à ses décisions.

« Qu'il nous soit permis en finissant, Messieurs, d'emprunter les expressions d'un illustre orateur, dont l'administration fut utile à la colonie, et qui nous honorait de quelque bienveillance : « Colons, « reconnaissez dans nos conseils une voix amie, « toujours disposée à vous défendre, mais qui, au« tant qu'il dépendra d'elle, ne laissera jamais flé« chir l'empire des lois sous le joug de fausses pré« tentions et d'idées déraisonnables. » [1].

M. le procureur du roi conclut à ce que la dame Marlet soit condamnée à la peine capitale.

La défense de la dame Marlet avait été acceptée par Me Beauvais, avoué. L'absence du corps du délit lui a offert un moyen péremptoire pour écarter l'accusation d'homicide sur la personne de Remy, et la conduite des esclaves lui a semblé un motif suffisant pour justifier les châtimens qu'ils avaient subis. Il a surtout appuyé, dans sa péroraison, sur le danger de dévoiler et de soumettre à la censure des tribunaux la discipline des ateliers ; sur les atteintes que de semblables investigations, si elles étaient tolérées, pouvaient porter au système colonial, etc.

Après les répliques successives, le tribunal est entré en délibération à deux heures, et, à sept

(1) Discours prononcé à la Chambre des pairs par M. le comte de Chabrol, dans la séance du 13 mai 1827.

heures du soir, a rendu le jugement suivant, qu'une foule nombreuse attendait avec la plus vive curiosité, et a écouté dans le plus profond silence :

Attendu qu'il résulte des dires de tous les nègres de l'atelier de la dame Marlet, que Remy, son esclave, a subi un châtiment inhumain par l'ordre de celle-ci, qu'il a été battu avec des lianes et des bâtons pendant long-temps, et qu'on n'a cessé de le frapper que lorsqu'il eut succombé ;

Attendu que la dame Marlet convient elle-même qu'elle a donné l'ordre de châtier sévèrement ledit Remy; que ce ne fut pas tout son atelier, mais quelques nègres qui le battirent avec des lianes seulement; qu'elle avoue même qu'il est mort deux heures après le châtiment, prétendant qu'il aurait été empoisonné avec du tafia arsenisé qu'Ozé lui aurait donné dans un poban qu'il avait placé devant la porte du cachot, où ledit Remy était enfermé ; que ce dernier aurait bu au moment où on l'en fit sortir pour être conduit devant la maison et battu en présence de l'accusée, qui tient, suivant elle, ces détails de ses nègres, qui ont dénié les avoir rapportés à leur maîtresse, ayant déclaré qu'à sa sortie du cachot, ni pendant qu'il était conduit, Remy n'avait rien bu et qu'ils n'avaient vu aucun poban ; qu'il est à regretter que le temps qui s'est écoulé depuis la mort de Remy jusqu'au moment où la justice a tenté de procéder à l'autopsie du cadavre, n'ait pas permis, à cause de la putréfaction complète du corps, de constater si le poison avait pu entrer pour quelque chose dans la mort de Remy, et confirmer ou détruire ainsi, par une voie légale, l'allégation de l'accusé et dissiper tout doute qui pourrait exister ;

Attendu qu'il a été reconnu et constaté par la justice, que le nègre Ozé avait un os du bras gauche fracturé par un coup de bâton, qu'en outre, trouvé au cachot avec les fers aux mains et le collier, il était tout couvert des traces récentes d'un grand nombre de coups de fouet qu'il avait reçus, suivant lui, ayant été battu et excédé de coups après la mort de Remy, sous le prétexte qu'il savait aussi ce qu'étaient devenus les enfans de Remy, que celui-ci avait livrés le même jour, dimanche des

Rameaux 30 mars dernier, à la négresse Frazile, leur mère, vendue par autorité de justice avec ses enfans impubères, restés et retenus à tort sur l'habitation par Mme Marlet, à qui ladite négresse avait appartenu; que le dire d'Ozé, relatif au châtiment qu'elle lui fit subir à raison de ce, est conforme au dire de l'atelier, même à celui de l'accusée, qui ne fit cesser les coups que sur la promesse que fit Ozé de faire retrouver les enfans, sans qu'elle parlât alors du soupçon qu'elle a prétendu avoir qu'il eût empoisonné Remy;

Attendu qu'à l'ouverture faite aussi par la justice du cachot de l'habitation Marlet, le nègre Jean Claude, dit Lubin, y fut trouvé enfermé par ordre de l'accusée, sans qu'il ait eu aucun vase propre à contenir de la nourriture, de la boisson et sans qu'il y eût des indices ou des traces qu'il eût pu en recevoir, disant être ainsi depuis plusieurs jours et y avoir été enfermé, parce qu'il avait parlé aux gendarmes, lors de leur première apparition sur l'habitation;

Attendu que de toutes les pièces de la procédure il résulte que la négresse Firmine, esclave de la dame Marlet a reçu de la main de celle-ci, dans le mois d'avril 1827 et avec un couteau qu'elle prit sur la table du sieur Gaubert, son géreur, au moment où il soupait, un coup qui lui fit une très large blessure sur la poitrine, dont elle porte la cicatrice; que ce fait est attesté par ledit sieur Gaubert par la lettre du 30 août 1827, écrite par feu M. de Luppé, commissaire-commandant du *Robert* et avoué même en justice par l'accusée, qui soutient avoir fait cette blessure sur la poitrine de cette esclave avec un bois de *baume* très coupant. La lettre de M. de Luppé faisait non-seulement mention de ce fait, ayant vu lui-même cette négresse, mais il parlait encore d'autres faits, demandant que dans l'intérêt public Mme Marlet fût interdite de toute gestion, se livrant à des excès envers ses esclaves et mettant le désordre dans le quartier; une demande en interdiction fut dès lors dirigée par le ministère public contre la dame Marlet, qui en paralysa et retarda l'effet par un appel.

Attendu qu'il résulte encore des mêmes pièces, que cette négresse Firmine, revenue sur l'habitation où elle fut conduite par le commis à la police du *Robert*, par l'ordre de M. le commandant, à qui elle était venue se plaindre, et qui avait écrit à Mme Marlet de ne lui infliger aucun châtiment, en reçut néanmoins un très sévère, après quoi sa maîtresse lui fit mettre un collier de fer qu'elle a porté pendant plus d'un an, et jusqu'au moment où la justice, constatant son état sur l'habitation, le lui fit enlever, état aggravé par les traces encore visibles des nombreux coups de fouet qu'elle avait reçus après la mort de Remi;

Attendu que visite légale faite de tous les nègres et négresses de l'atelier, il a été constaté, en présence du commandant du quartier et de M. le docteur Bidault, que sur soixante-neuf esclaves visités, six seulement ne portaient point de traces évidentes ou sanglantes des nombreux coups de fouet qu'ils avaient reçus; que plus de vingt étaient dans un état tel, qu'ils ne pouvaient se livrer au travail, quoiqu'on les y contraignît; et qu'ils auraient péri s'ils n'avaient pas été mis à l'hôpital et traités avec beaucoup de zèle, d'attention et de soins; que notamment la négresse Victorine était en danger imminent de mort, puisque les médecins avaient pronostiqué que son état aurait une issue fâcheuse, ce qui n'est pourtant pas arrivé, son état s'étant sensiblement amélioré à force de soins et de remèdes; qu'il est bien vrai que la déposition du sieur Lestrade, médecin de l'habitation, qui les a soignés après la visite, semble ne pas annoncer tant de gravité, n'ayant pas dit-il, assez bonne mémoire pour se rappeler tout ce qu'il a vu et prescrit : mais cette déposition évasive est contredite par d'autres dépositions qui attestent bien qu'il avait regardé la négresse Victorine comme devant succomber aux nombreuses blessures qu'elle avait reçues; qu'il est bien constant qu'à l'époque du transport de la justice sur l'habitation Marlet, une partie de ses nègres étaient excédés de coups; et que même la négresse Victorine était en danger de mort;

Attendu que les mauvais traitemens et excès constatés par la justice ne sont pas les seuls reproches à faire à l'accusée, puisque les gérans ou économes blancs qu'elle a eus attestent qu'elle se livrait habituellement envers ses esclaves à des châtimens cruels et rigoureux sans motifs et par caprice, et non pour maintenir, comme de raison, la discipline juste et sévère qui doit régner dans le régime d'une administration bien administrée, et qu'elle ne faisait cesser de battre les nègres que lorsque le sang ruisselait;

Attendu qu'il est encore constant qu'elle ne donnait pas à ses esclaves l'ordinaire et le vêtement prescrits par les lois; que ses nègres, pour se les procurer, commettaient des vols est des désordres dans le quartier; qu'ils étaient un sujet de terreur pour les habitans voisins et un exemple dangereux pour les autres ateliers;

Attendu que les vices d'une telle administration sont prouvés comme les traitemens inhumains auxquels l'accusée avait l'habitude de se livrer, et que l'état affreux de la négresse Victorine, qui, sans les secours qu'on lui a donnés, ne vivrait plus; du nègre Lubin, qui était condamné à mourir dans le cachot, et de tant d'autres victimes trouvées encore saignantes de la barbarie de l'accusée, donnent la conviction profonde qu'il n'est pas d'atrocités auxquelles elle ne puisse se porter;

Attendu qu'en droit colonial, la déposition des esclaves contre leur maître ou en sa faveur ne peut servir que de mémoire pour aider la justice à s'éclairer d'ailleurs;

Attendu que si le juge ne peut prononcer une peine capitale, que sur la déposition uniforme de deux témoins irréprochables, il n'est pas pour cela réduit à renvoyer absous l'accusé dont la preuve des crimes ressort avec la plus parfaite évidence de tous les élémens de la procédure; que dans ce cas la latitude de modifier la peine selon les circonstances est laissée à sa prudence;

Vu l'art. 10 de l'ordonnance royale du 25 décembre 1783, l'article 48 de celle du mois de mars 1685, l'art. 3, titre 6, d'une autre du 15 octobre 1786; l'art. 16 de l'ordonnance locale du 1er novembre 1809, ensemble les ordonnances du 30 décembre 1712, 15 juillet 1738 et 6 mai 1765, comme aussi l'ordonnance criminelle du mois d'août 1670;

Le tribuual, etc., en ce qui concerne la mort de Remi, dit qu'il n'est pas légalement prouvé qu'elle ait été le résultat immédiat du traitement inhumain que l'accusée lui a fait subir le 30 mars dernier, déclare la dame Victoire-Alexandrine Dubuc de Rivry veuve Marlet, dûment atteinte et convaincue 1° d'avoir grièvement blessé au mois d'avril 1827 la négresse Firmine en la frappant d'un couteau; 2° de se livrer habituellement aux plus atroces cruautés contre ses esclaves auxquels elle ne fournit pas d'ailleurs la nourriture et les vêtemens prescrits par les ordonnances ;

En réparation de quoi la condamne à vingt ans de bannissement hors du territoire continental et colonial du royaume ;

Dit qu'elle ne pourra désormais posséder des esclaves dans la colonie ; ordonne que ceux qui lui appartiennent seront vendus en la forme accoutumée pour le prix en revenir à qui de droit et la condamne en outre aux frais du procès, lesquels seront prélevés sur le prix de vente des esclaves susdits. Lui enjoint de garder son ban sous plus graves peines.

L'affaire portée en appel à la séance de la Cour royale du 10 juillet, M. Lepelletier Duclary, conseiller remplissant par *interim* les fonctions de procureur général en l'absence de M. Détape, a renouvelé la demande du huis-clos. Suivant ce magistrat, la position sociale de madame Marlet, et la crainte d'offrir le dangereux spectacle d'esclaves déposant contre leur maître, nécessitent cette mesure.

Ce réquisitoire paraissait sans but, puisque tous les faits de l'accusation et des débats étaient connus par la publicité qui avait eu lieu en première instance; cependant la Cour y a fait droit, en déclarant qu'elle en adoptait les motifs.

Me Beauvais a pris ensuite la parole, et s'est borné à conclure à ce qu'il ne fût point donné lecture des dépositions des esclaves de madame Marlet, les esclaves ne pouvant être entendus contre leurs maîtres, aux termes des lois coloniales.

Il était difficile d'accorder cette exception avec les motifs du réquisitoire, qui venait d'être sanctionné par la Cour; car le huis-clos n'était jugé nécessaire qu'à raison de la déposition des esclaves; il semblait donc qu'indubitablement cette lecture devait avoir lieu, et l'exception ne tendait alors qu'à faire annuler l'arrêt et à rendre les débats publics.

Sans s'arrêter aux réflexions diverses que cet incident fait naître, nous nous bornerons à dire que M. le procureur général par *interim*, ayant *purement* et *simplement* déclaré s'en rapporter à la justice, la Cour, après quelques momens de délibération, a rendu l'arrêt suivant :

Considérant qu'aux termes de l'arrêt du conseil du 15 juillet 1738, les esclaves ne peuvent être entendus contre leur maître, même à titre de renseigenemens; que ce principe a été récemment consacré par deux arrêts de la Cour de cassation, des 30 janvier et 25 mai 1827;

Attendu que des esclaves de la dame Marlet ont été entendus au procès contre leur maîtresse, savoir:

Les nommés Eusèbe, Masson, René, en leur déposition du 10 avril dernier;

Les nommés Ozé, Lubin, Sanival, Héloïse, Glaudon, Prosper, Célestine, Marcel, Jeanne, Texide, Benoit, Firmine, Victoire et Céveline, dans leurs dépositions du 11 du même mois;

Les nommés Célestin, Sidwey, Marie-Noël, Henriette, en leur déposition du 25 juin aussi dernier.

Enfin l'atelier entier, suivant un procès-verbal de visite et interrogatoire du 11 du mois d'avril précité;

Considérant que ce vice de forme *entache toute la procédure et doit en faire prononcer la nullité.*

Déclare nuls et non avenus tous les actes de la procédure, met les parties au même et semblable état qu'elles étaient avant le procès, et renvoie l'affaire au tribunal de St-Pierre avec défense de recevoir les dépositions des esclaves pour ou contre leur maître, *même à titre de renseignemens*, ordonne que les dépens seront supportés par la caisse coloniale (1).

Immédiatement, la dame Marlet est sortie du palais, et ce n'est pas sans étonnement, on peut le dire, qu'on l'a vue libre, parcourir les rues du Fort-Royal; c'est volontairement qu'elle s'est rendue à Saint-Pierre, où elle devait subir un nouveau jugement.

Après l'instruction recommencée au désir de l'arrêt de la Cour, le tribunal de cette ville a prononcé, le 31 juillet, partageant l'opinion des premiers juges, et a condamné madame Marlet à la même peine de

(1) Il est à regretter que la question si grave que décide cet arrêt n'ait point été directement soumise à la décision de la Cour suprême; car il s'en faut que le texte littéral des ordonnances de 1685 et 1738 prononce d'une manière aussi absolue la nullité des procédures dans lesquelles les esclaves auraient été entendus.

« En cas qu'ils soient ouïs en témoignage, leur déposition ne « servira que de mémoire pour aider les juges à s'éclairer d'ail- « leurs, sans qu'on en puisse tirer aucune présomption, con- « jecture, en adminicule de preuve. » (Art. 30 de l'ordonnance du roi, de mars 1685, dite *le Code noir*.)

En certains cas, ne pas entendre les esclaves comme témoins nécessaires, indispensables, ne serait-ce pas interdire à la justice les seules voies qui, peut-être, pourraient parvenir à la manifestation de la vérité?

vingt années de bannissement, l'a privée de tous droits sur ses esclaves, dont il a également ordonné la vente.

Conservant encore l'espoir de l'impunité, la dame Marlet a interjeté appel de ce second jugement.

## ARRÊT

De la Cour royale de la Martinique, qui condamne la dame Marlet à trois années de bannissement des colonies françaises.

(3 septembre 1828.)

Vu la procédure extraordinairement poursuivie à la requête de M. le procureur du roi, agissant d'office, demandeur et accusateur. D. P.

Contre dame Victoire-Alexandrine Dubuc de Rivery, veuve du sieur Guillaume Marlet, habitante au quartier du Robert, prévenue 1° de contraventions aux ordonnances relatives à la nourriture et à l'entretien des esclaves par leurs maîtres; 2° d'avoir excédé les bornes de son pouvoir, en faisant infliger à ses esclaves, notamment à la nommée Firmine, des châtimens cruels; 3° d'avoir, par sa mauvaise administration, et en privant ses esclaves de tout ce que la loi leur accorde, et qui est indispensable à leur existence, été la cause première de leurs vols chez leurs voisins, de leurs fréquens marronnages, et enfin de tous les désordres auxquels ils se sont livrés; et 4° d'avoir occasionné la mort du nommé Rémy, son esclave, en lui faisant infliger un châtiment tel qu'il n'y a survécu que deux heures;

Vu le jugement rendu sur cette procédure par le tribunal de première instance séant à St-Pierre, à l'audience publique dudit tribunal, en la salle du Palais de Justice, le 31 juillet 1828, dans lequel jugement les premiers juges auraient ainsi prononcé:

En ce qui touche les reproches fournis par la dame veuve Marlet et réitérés par ses défenseurs;

Attendu que la Cour royale, par son arrêt du 10 juillet dernier, a fait défenses de recevoir les dépositions des esclaves contre leur maître, même à titre de renseignement, aux termes de l'arrêt du 15 juillet 1738, et dont le principe est consacré par deux arrêts de la Cour de cassation des 31 janvier et 27 mai 1827, a entendu par là que les autres témoins pouvaient être réitérés dans leurs dépositions, et qu'il n'y avait d'autre moyen de parvenir à la connaissance des faits imputés à la dame Marlet que l'audition de ces mêmes témoins, et que s'il en était autrement, l'arrêt de la Cour royale acquitterait la dame veuve Marlet;

Attendu que les autres reproches de la dame Marlet sont vagues, et ne reposent que sur des allégations;

Le tribunal les déclare non pertinens et inadmissibles.

En ce qui concerne l'exception qu'ont fait valoir les défenseurs de la dame Marlet, et qui tendraient à faire considérer l'action intentée par le ministère public du Fort-Royal, le 15 septembre 1827, d'une identité parfaite avec l'instance qui a pour objet la plainte actuelle, suivant la maxime *non bis in idem;*

Considérant que cette action n'a rien de commun avec la plainte actuelle, en ce que l'action intentée en 1827 était à fins civiles, tandis que celle-ci est à fins criminelles;

Le tribunal déboute de l'exception.

En ce qui touche l'administration de la dame Marlet et les châtimens sévères infligés par elle à ses esclaves :

Considérant qu'il résulte de la déposition du sieur Milon Dutmoulin, qu'il a été émoin des châtimens les plus injustes et les plus sévères que la dame Marlet a fait subir à ses esclaves, et qu'elle les laissait quelquefois trois semaines sans leur donner un morceau de morue ; et de celle du sieur Richaume, que la dame Marlet ne donnait pas d'ordinaire à ses nègres ; et encore de celle du sieur Gaubert, qu'il a été témoin plus d'une fois de la mauvaise administration de la dame Marlet ; qu'elle ne nourrissait pas ses esclaves conformément aux ordonnances ; que la dame Marlet frappa la négresse Firmine, et lui fit la blessure dont est mention dans le réquisitoire du ministère public; que ledit témoin crut avoir vu la dame Marlet faire cette blessure avec un couteau qu'elle aurait pris sur la table ;

Considérant qu'il résulte encore de la lettre de M. de Luppé et de celle de M. de Gaalon nouvelle preuve de la mauvaise administration de la dame Marlet et de l'excessive sévérité envers les esclaves des châtimens cruels qu'elle leur infligeait, et qu'il y avait des plaintes fréquentes portées contre elle par les habitans ses voisins;

En ce qui touche la mort du nègre Rémy:

Attendu que quoiqu'il ne soit pas suffisamment prouvé que la dame Marlet soit la cause de la mort dudit Rémy, il reste néanmoins démontré qu'elle a excédé les bornes de son pouvoir dans le châtiment infligé à cet esclave ;

Vu l'ordonnance royale du 30 décembre 1712:

Vu l'arrêt du conseil souverain du 6 mai 1765;

Vu l'art. 1er du titre 2 et l'art. 2 du titre 6 de l'ordonnance royale du 15 décembre 1786:

Vu l'art. 16 de l'ordonnance du 1er novembre 1809:

Le tribunal déclare ladite dame Victoire-Alexandrine Dubuc de Rivery, veuve du sieur Marlet, incapable de posséder dorénavant des esclaves, et ordonne qu'il sera procédé relativement à ses biens conformément à la loi:

La condamne à vingt années de bannissement hors du royaume avec injonction de garder son ban, sous les peines de la loi, et la condamne aux dépens.

Vu l'appel de ce jugement interjeté par la dame veuve Marlet, et signifié le 5 août dernier à M. le procureur du roi près le tribunal de première instance de Saint-Pierre ;

Vu les pièces sur lesquelles le jugement a été rendu ;

Après avoir entendu M. Carreau, conseiller titulaire, en son rapport verbal des charges de la procédure ;

L'accusée dans son interrogatoire ;

M. le procureur général du roi dans la lecture de ses conclusions motivées, écrites et signées, qui ont été déposées sur le bureau pour être jointes aux pièces de la procédure ;

Me Moulin Dufresne et Cicéron, avoués, dans la défense de l'accusée,

Et après en avoir délibéré, conformément à l'ordonnance du roi du 4 juillet 1827,

La Cour,

Statuant d'abord sur les divers exceptions et moyens préjudiciels, proposés par Me Moulin Dufresne et par Me Cicéron, défenseurs de la dame Marlet dans l'intérêt de leur partie;

En ce qui touche la première exception résultant de la maxime de droit *non bis in idem,* et fondée sur ce que la veuve Marlet aurait été poursuivie au tribunal de première instance du Fort-Royal, le 15 septembre 1827, sur plusieurs des chefs de la même accusation vidée par le jugement définitif dont est appel: que, par suite de cette première procédure, il serait intervenu un jugement préparatoire en date du 20 octobre 1827, dont l'accusée est appelante; d'où il résulte qu'il y aurait litispendance, et que la veuve Marlet serait encore exposée à subir un jugement sur les mêmes faits, devant deux tribunaux différens, celui de Saint-Pierre et celui du Fort-Royal;

Considérant que la poursuite devant le tribunal du Fort-Royal avait eu lieu à l'audience ordinaire, et ne tendait à aucune peine afflictive ou infamante;

Qu'à cette époque la veuve Marlet n'était point accusée du meurtre de son esclave Rémy, dont la mort est postérieure et récente;

Que d'ailleurs il n'y a jamais lieu à l'application de la maxime *non bis in idem,* que lors d'une poursuite nouvelle pour des faits déjà appréciés par un jugement en dernier ressort, ou passé en force de chose jugée; ce qui ne peut s'appliquer au procès actuel.

En ce qui touche la seconde exception tendante à faire annuler l'information faite au tribunal de Saint-Pierre, et fondée sur ce que la Cour, dans son arrêt du 10 juillet dernier, en prononçant la nullité de la procédure instruite devant le tribunal du Fort-Royal sur la présente accusation, n'aurait pas ordonné que tous les témoins déjà entendus, à l'exception des esclaves, seraient ouïs de nouveau devant le tribunal de Saint-Pierre;

Considérant que l'art. 14 du titre 6 de l'ordonnance de 1670 ne s'applique qu'à des dépositions isolées qui auraient été annulées par défaut de formalité; que les dépositions des témoins entendus à Saint-Pierre n'avaient été annulées que comme une suite d'actes infectés d'un vice radical ; que la Cour, en renvoyant le fond du procès devant le tribunal de Saint-Pierre, a seulement fait défense de recevoir les dépositions des esclaves de la dame Marlet, et qu'en remettant les parties au même et semblable état qu'avant le procès, elle a formellement voulu que les autres témoins fussent entendus de nouveau.

En ce qui concerne la troisième exception fondée sur ce que, relativement aux divers chefs d'accusation, aucun corps de délit ne serait suffisamment constaté au procès ;

Attendu qu'à défaut d'une descente de juges et d'une inspection matérielle, quelquefois impossibles, surtout lorsqu'il s'est écoulé un certain temps depuis que les crimes ont été commis, le corps de délit peut encore se constater, soit par les dépositions des témoins, soit même par un concours de circonstances corroboré de l'aveu de l'accusé ;

Statuant sur les reproches fournis par la veuve Marlet contre chacun des témoins ouïs en l'information ;

En ce qui touche Martin Céleste, commis à la police du *Robert*, et Rollet, maréchal-des-logis de la gendarmerie royale, attendu que leur qualité d'officiers publics, loin d'atténuer la force des actes qu'ils ont pu faire par suite de leurs fonctions, y ajoute au contraire plus d'autorité;

En ce qui touche le sieur Peyraud, considérant qu'en matière criminelle les parens peuvent être entendus pour y avoir par les juges tel égard que de raison ;

En ce qui concerne Milon-Dumoulin, Gaubert, Richaume, Véron et Reynoird, attendu que l'accusée ne leur a reproché que des faits vagues et dénués de toutes preuves ; que si quelques-uns d'entre eux ont été ses salariés, ils avaient cessé de l'être avant le procès, et qu'il n'existe aucun motif légitime de suspecter leur témoignage ;

En ce qui regarde les lettres écrites par les sieurs de Luppé et de Gaalon, et jointes au procès actuel ;

Attendu que le sieur de Gaalon a pu légitimement se plaindre au commissaire-commandant du *Robert* des désordres dont il était victime, et que le sieur de Luppé, en adressant son rapport à M. le directeur général de l'intérieur, n'a fait qu'accomplir un devoir impérieux de sa charge ; que les faits relatés dans sa plainte n'ont aucunement le caractère de prévention ou de passion, et se trouvent confirmés par de nouvelles preuves acquises au procès ;

Statuant sur les appels interjetés par la veuve Marlet ;

1° Du jugement de réglement à l'extraordinaire, en date du 24 juillet dernier ;

Et 2° du décret de prise de corps, en date du 26 juillet suivant ;

Considérant que les faits imputés à la dame veuve Marlet, et la preuve acquise à l'égard de plusieurs des chefs de l'accusation, par les interrogatoires et par l'information, notamment en ce qui concernait son administration et la blessure faite à Firmine, autorisaient le réglement à l'extraordinaire et le décret de prise de corps ;

Statuant au fond sur l'appel de la sentence définitive du jeudi 31 juillet dernier.

En ce qui touche l'administration de la dame Marlet, attendu qu'il est prouvé au procès, tant par les dépositions de Milon-Dumoulin, de Gaubert, de Richaume, de Céleste, que par le rapport du sieur Luppé, commissaire-commandant du *Robert*, à M. le directeur général de l'intérieur, en date du 30 août 1827, ainsi que par divers documens émanés des propriétaires voisins, qu'il régnait sans cesse les plus graves désordres sur l'habitation de l'accusée, que ses nègres étaient souvent privés de nourriture ; qu'elle excédait habituellement, par ses mauvais traitemens envers eux, les droits et prérogatives que les lois attribuent au maître sur son esclave ;

Attendu qu'il est prouvé par les témoignages de Gaubert, de Céleste, par le rapport du commissaire-commandant, par l'aveu même de l'accusée, qu'elle a fait avec un instrument tranchant à la nommée Firmine une blessure grave, d'où il est résulté effusion de sang ;

En ce qui touche la mort du nommé Rémy ;

Attendu que si la veuve Marlet a été accusée d'avoir occasionné la mort de cet esclave, par un châtiment illégal et des plus violens, l'accusation à cet égard est dénuée de toute preuve; d'une part il a été impossible de constater l'état du cadavre, par suite du temps qui s'était écoulé lorsque la plainte a été portée; de l'autre, aucun témoin au procès ne dépose de ce fait d'une manière positive; ceux qui en parlent ne le font que par ouï-dire : et si la justice a recueilli quelques circonstances de cet événement, elle ne les doit qu'à la dame Marlet elle-même, qui, en avouant cette mort, l'attribue au poison administré par Osé, son commandeur;

Attendu que sur ce point la déclaration de la dame Marlet ne peut se scinder, et que, lors même qu'on voudrait la diviser, il ne serait encore nullement prouvé que la mort de Rémy a été la suite d'un châtiment dont la justice ne connaît même ni la nature ni l'étendue;

Déboute la veuve Marlet des différentes exceptions par elle proposées; déclare les reproches par elle fournis contre les divers témoins ouïs au procès non pertinens et inadmissibles; maintient la lettre du sieur de Gaalon et le rapport du sieur de Luppé, commissaire-commandant du *Robert*.

Met au néant les appellations relatives au réglement de l'extraordinaire et au décret de prise de corps; ordonne quant à ce, que ces jugemens sortiront effet.

Met, en ce qui touche l'appel de la sentence définitive du 31 juillet dernier, l'appellation et ce dont est appel au néant; émendant;

Condamne la veuve Marlet à trois années de bannissement des colonies françaises, la déclare incapable de posséder des esclaves; ordonne que ceux qu'elle possède à titre de domestiques seront par elle vendus dans le délai de quinzaine, faute de quoi faire elle y sera contrainte sur les diligences du ministère public;

Lui fait défenses de jamais s'immiscer dans la gestion de ses habitations, et même de s'y présenter, sous telles peines qu'il appartiendra; lui enjoint de garder son ban, et la condamne, même par corps, en tous les dépens du procès.

Ordonne que le présent arrêt sera exécuté à la diligence de M. le procureur général du roi.

Fait et prononcé au Fort-Royal-Martinique, en l'audience publique du mercredi 3 septembre 1828.

Le registre est signé Perrinelle, président ; Carreau fils, rapporteur ; et Pajot, greffier.

Mandons, etc.

## AFFAIRE

Des sieurs Louis-Auguste Coco, homme de couleur, et Labaume, directeur de la poste, à la Pointe-à-Pître (Guadeloupe).

(30 décembre 1826.)

Le sieur Louis-Auguste dit Coco, homme de couleur libre, commandant un petit navire, destiné pour une colonie voisine, se rendit chez M. Labaume, directeur de la poste à la Pointe-à-Pître (Guadeloupe), pour y prendre des lettres. Comme il sortait, M. Labaume dit au capitaine Dorneau, son ami, qui était dans son bureau : « Voilà un gueux que j'ai fait punir de six « jours de prison, pour avoir manqué au devoir qu'il remplit « aujourd'hui. » Auguste, qui entendit ces paroles, se retourna et lui dit : « Vous vous trompez sur le nombre, ce n'est que « trois. » — « Insolent mulâtre, s'écria le capitaine Dorneau, est-« ce ainsi que tu dois parler à un blanc ! » Et en même temps il lui donne un soufflet ; une rixe s'engage, Dorneau est terrassé par Louis-Auguste ; cette scène se passait à la porte de la rue. Labaume va chercher un poignard dans son bureau, revient, le plonge dans le côté de l'homme de couleur. Auguste, montrant sa chemise ensanglantée, dit aux passans : « Voyez, ce « sont les blancs qui m'ont assassiné ! »

Les sieurs Auguste et Labaume furent décrétés de prise de corps [1], puis condamnés par les premiers juges à 10 ans de ban-

(1) Me Bouchony, défenseur de Louis-Auguste, avait demandé la disjonction des deux affaires, pour Labaume être jugé au criminel sous la prévention d'assassinat, et son client renvoyé en police correctionnelle, pour avoir repoussé

nissement. Le Tribunal a considéré que l'interpellation faite par l'homme de couleur était de nature à troubler l'ordre social, et la sentence a été rendue à huis-clos.

Sur l'appel interjeté par les parties, la Cour a prononcé en dernier ressort.

## ARRÊT

De la Cour royale de l'île de la Guadeloupe, qui condamne les sieurs Labaume et Auguste Coco à un an de prison.

(7 avril 1827.)

« Vu par la Cour la procédure criminelle, instruite et poursuivie à la requête du ministère public, près le tribunal de première instance de la Pointe-à-Pître, agissant d'office, demandeur et accusateur, contre : 1° Le sieur Labaume-Pluvinel, ex-directeur de la poste aux lettres de la ville de la Pointe-à-Pître, demeurant en ladite ville, accusé d'assassinat sur la personne de Louis-Auguste, dit Coco ; 2° ledit Louis-Auguste, dit Coco, homme de couleur libre, marin de profession, demeurant à la Pointe-à-Pître, prévenu de voies de fait sur la personne du sieur Dorneau, lesdits accusés, défendeurs, décrétés de prise de corps, détenus dans les prisons de cette ville, Basse-Terre ; ledit Louis-Auguste, dit Coco, appelant en outre du jugement rendu par le même tribunal à la date du 20 dudit mois de mars, quant au chef qui le déboute de l'exception d'incompétence *ratione materiæ*, par lui présentée.

« Vu le jugement rendu le 20 mars dernier par le tribunal

l'agression de Dorneau. Le tribunal a ordonné de passer outre ; et Me Bouchony, ayant refusé de plaider au fonds, a été interdit.

Me Portier, autre défenseur de Louis-Auguste, pour avoir cité dans sa plaidoirie l'article 59 de l'ordonnance de 1685, dite Code noir, qui accorde aux hommes de couleur les mêmes *droits, priviléges et immunités* qu'aux autres sujets du royaume, a été rappelé à l'ordre sur la demande de M. le procureur du roi, qui l'apostropha lui-même en ces termes : « *Taisez-vous, Me Portier, vous voulez* « *établir ici un système d'égalité que les localités ne comportent pas.* » On pourra juger d'après ces faits si la défense a été libre.

criminel de la Pointe-à-Pître, lequel jugement du 20 mars est ainsi conçu ;

« Le tribunal, attendu qu'il est de principe, tant d'après l'ancienne que la nouvelle jurisprudence, que les tribunaux criminels peuvent prononcer des peines plus légères que des peines afflictives et infamantes ;

« Attendu qu'il résulte de la jurisprudence de la Cour royale de la Guadeloupe que le titre de l'accusation doit déterminer la compétence du tribunal criminel ;

« Attendu en fait que Louis-Auguste, dit Coco, est accusé non-seulement de voies de fait envers une personne de *la classe blanche*, mais encore d'avoir excité la rumeur publique et le soulèvement d'une des classes de la colonie contre l'autre, et que le sieur de Labaume est accusé de tentative d'assassinat, le tribunal, sans rien préjuger sur le fond, déboute la partie de M. Bouchony Lordonet (Louis-Auguste, dit Coco) de son exception d'incompétence, *ratione materiæ*, et ordonne que les parties plaideraient *immédiatement*, sur tout autre moyen dans les erremens actuels de la procédure, sauf, en jugeant au fond, à avoir égard, s'il y a lieu, aux conclusions subsidiaires prises par la partie de Me Bouchony.

« Vu aussi les autres pièces de la procédure, et notamment le jugement définitif, rendu le 23 *mars dernier* par le tribunal criminel de la Pointe-à-Pître, qui condamne chacun desdits accusés à dix années de bannissement de la colonie et aux frais de la procédure.

« Ouï M. Dulyon de Rochefort, membre de la Cour, en son rapport, ouïs les accusés en leur dernier interrogatoire subi derrière le barreau, ouï André Chabert de la Charrière, avocat général, en son plaidoyer et en ses conclusions publiques, tendantes à ce que les accusés soient condamnés chacun à deux années d'emprisonnement et aux frais de la procédure, après avoir entendu les défenseurs des accusés en leurs moyens de défense et dernières observations, l'accusé Labaume, après avoir demandé et obtenu la permission, et lu à la Cour un écrit atténuatif en sa faveur, persistant dans les conclusions prises par son défenseur officieux ; l'audience et les accusés se sont retirés, et, la cour ayant délibéré, M. le président a fait rentrer les accusés ainsi que l'auditoire, et, en présence du ministère public, a prononcé l'arrêt suivant :

« Statuant sur l'appel interjeté par le *nommé* Louis-Auguste, dit Coco, du jugement du 20 mars qui le déboute de l'exception d'incompétence *ratione materiæ*, par lui présentée ; la Cour, adoptant les motifs des premiers juges, met l'appellation au néant, ordonne que ce dont est appel sortira son plein et entier effet.

« Statuant sur l'accusé Louis-Auguste, dit Coco :

« Considérant qu'il est constant au procès que le *nommé* Louis-Auguste, dit Coco, a non-seulement tenu des propos injurieux aux personnes qui se trouvaient dans le bureau du sieur de Labaume, mais encore qu'il résulte de l'information et de l'aveu même dudit accusé qu'*il a porté des coups redoublés au sieur Dorneau en le tenant sous lui*, *délit dont la gravité augmente en raison des ordonnances coloniales* qui prescrivent aux gens de couleur libres le plus grand respect envers les blancs [1].

« Considérant néanmoins qu'il y a preuve que le sieur Dorneau avait *provoqué l'accusé Louis-Auguste, dit Coco, en le prenant au collet, et en usant à son égard des voies de fait, ce qui atténue le délit par lui commis ;*

« Et en ce qui concerne le sieur de Labaume :

« Considérant qu'il résulte des pièces du procès et de l'aveu dudit sieur Labaume qu'il a porté au *nommé Louis-Auguste dit Coco, un coup de poignard :*

« Considérant néanmoins que ce délit a été commis par le sieur Labaume sans préméditation, et dans l'unique but de porter secours au sieur Dorneau qu'il croyait en danger de perdre la vie ;

(1) C'est une absurdité à laquelle les hommes de couleur ne croient pas. Ce respect est volontaire, et est accordé à ceux qui le méritent ; mais il doit être réciproque, et ne peut dans aucun temps être commandé. Qu'importe si les ordonnances coloniales (œuvres des colons) érigent un principe contraire au sens commun, les hommes de couleur le repoussent et ne le reconnaîtront jamais. Si parmi eux il pouvait se trouver un seul qui ne partageât pas cette opinion, il serait justement méprisé des siens, considéré comme indigne de la qualité d'*homme*, et incapable de jouir de la liberté qu'ils réclament. (BISSETTE.)

« Considérant en outre que la blessure faite au *nommé Louis-Auguste, dit Coco*, *n'a* eu aucune suite grave [1], puisqu'il a été rétabli au bout de dix-huit jours, ainsi qu'il résulte du certificat du chirurgien du roi ;

« Par ces motifs, met l'appellation et le jugement dont est ap pel au néant ; émendant et prononçant de nouveau, condamne le sieur de Labaume et *le nommé* Louis-Auguste, dit Coco, à garder prison pendant l'espace d'un an à partir du jour du présent arrêt, et aux dépens du procès supportables par moitié [2].

« Fait et jugé et prononcé publiquement à l'audience criminelle de la Cour royale, le samedi 7 avril 1827.

« Présens : MM. Picou-de-Lisle, *président en fonctions,* Desmarais, Chabert de la Charrière, Prévost de Touchimbert, Dulyon de Rochefort, Céleron de Blainville, Bonnet, membres de la Cour, et Jules Cousin, greffier en chef. »

Louis-Auguste s'est pourvu en cassation contre cet arrêt. Les moyens de cassation exposés dans le mémoire de M. Isambert se fondaient sur ce que, d'une part, un substitut du procureur du roi avait siégé parmi les juges; d'autre part, sur ce que Louis-Auguste, étant en état de légitime défense, ne pouvait pas être coupable ; sur ce que, d'après le Code noir, les hommes de couleur libres ne doivent de respect qu'à ceux qui les ont affranchis et non à la *classe des blancs ;* et enfin sur ce que l'arrêt de la Cour de la Guadeloupe, consacre l'inégalité des peines en matière criminelle, à raison des conditions ; Labaume ayant été évidemment trop peu puni à raison de l'assassinat par lui commis sur la personne de Louis-Auguste.

La Cour ayant engagé Me Isambert, à raison du faible état

(1) Il en est mort ! Le certificat dont il s'agit n'a été donné que pour éviter à Labaume une condamnation un peu sévère.

(2) Ainsi l'assaillant provocateur, parce qu'il fait partie de la classe privilégiée, est puni de la même peine que sa victime, homme de couleur, en état de défense légitime ! Ainsi la justice coloniale observe le principe de l'égalité des peines ! Ainsi elle frappe du même glaive le blanc provocateur et *l'insolent mulâtre* qui ose manquer à la politesse ! (BISSETTE.)

de sa santé, à s'abstenir de tout développement, a rendu la décision suivante :

Arrêt de la Cour de cassation, 22 mai 1828.

(Présidence de M. Bailly.)

Ouï le rapport de M. Mangin, conseiller, les observations d'Isambert, avocat de Louis-Auguste, dit *Coco*, et les conclusions de M. Laplagne-Barris, avocat général.

Attendu qu'il résulte de l'examen de la procédure, que le substitut du procureur du roi a fait parti du tribunal de première instance de la Pointe-à-Pître, qui a rendu le jugement sur lequel est intervenu l'arrêt attaqué;

Q'aux termes de l'ordonnance de 1670, conforme en ce point aux maximes du droit public du royaume, les fonctions du ministère public, en matière criminelle, sont incompatibles avec celles de juges;

Que le ministère public étant indivisible, le substitut du procureur du roi ne pouvait concourir au jugement d'un procès poursuivi par le procureur du roi lui-même.

Qu'ainsi l'arrêt attaqué aurait dû annuler le jugement qui lui était déféré, renvoyer le procès devant un autre tribunal de première instance; qu'au lieu de cela, il a confirmé le jugement et s'en est approprié le vice;

La Cour casse et annule l'arrêt de la Cour royale de la Guadeloupe, en date du 7 avril 1827, qui condamne Auguste Coco à une année de détention [1].

Et pour être de nouveau statué, renvoie le prévenu, dans l'état où il se trouve, ainsi que les pièces de la procédure, devant la Cour royale de la Martinique [2].

Fait et jugé, etc.

(1) La Cour en annulant cet arrêt n'a statué que sur le premier moyen.

(2) Auguste Coco est mort, dans le cours de l'instance, des suites de sa blessure. Ainsi l'action criminelle est éteinte contre lui; mais sa famille peut exercer l'action civile contre le meurtrier.

# AFFAIRE

## DU SIEUR RAVEND-DESFORGES,

Colon de Marie-Galante (dépendance de l'île Guadeloupe).

(5 octobre 1821.)

Les partisans de l'esclavage ne cessent de nous vanter le bonheur des esclaves de nos colonies; il y en a qui vont jusqu'à envier le sort de ces malheureux [1] pour le paysan de France. Ils nous vantent aussi l'humanité des maîtres, les rigueurs de la justice contre tous les abus. Mais déjà plusieurs affaires des colonies ont fait justice de ces panégyriques officieux. Maintenant voici des faits nouveaux que nous puisons dans un mémoire justificatif pour un sieur Ravend-Desforges, propriétaire planteur à Marie-Galante, dépendance de la Guadeloupe.

La famille Ravend est ancienne, et considérée parmi les descendans des engagés qui ont colonisé ces possessions. Les représentans actuels de cette famille, qui sont deux frères, se distinguent (dit le mémoire justificatif) par l'innocence de leurs mœurs, la candeur et la facilité de leur caractère, et leur humanité envers leurs esclaves.

Le 5 octobre 1821, Ravend-Desforges part de son habitation à huit heures du matin avec son fusil de chasse. En traversant les plantations, il prétend avoir aperçu deux nègres et une négresse volant du café; il tire sur eux, et du premier coup il tue la négresse Colas, âgée de vingt-cinq ans, et enceinte.

Le lendemain 6 octobre, le sieur Ravend se présente au greffe du tribunal de Marie-Galante, et déclare que ne pouvant attein-

(1) M. de Formont, ancien habitant de la Guadeloupe, aujourd'hui maître des requêtes au conseil d'État et membre de la Chambre des députés. — *V.* ses discours à la Chambre, séance des 3 et 11 juillet 1829. (BISSETTE.)

dre les voleurs, il avait, en tirant sur eux, tué la négresse Colas.

Le 7, procès-verbal de l'état du cadavre, le sieur Ravend-Desforges réitère sa déclaration circonstanciée.

Sur la plainte rendue contre lui par le procureur du Roi, il fut informé par M. le président du tribunal, faisant les fonctions du juge d'instruction; huit témoins déposent tous unanimement qu'ils avaient *ouï dire* du sieur Ravend-Desforges qu'il avait eu le malheur de tuer la négresse Colas, appartenant au sieur de Calbiac, habitant voisin, avec toutes les circonstances détaillées dans sa première déclaration.

Le 17 décembre, conclusions de M. le procureur du roi, tendant à ce que le sieur Ravend-Desforges soit considéré comme le meurtrier de la négresse; qu'il soit condamné à deux ans de bannissement de la colonie.

Enfin, ce même jour, jugement définitif conçu dans les termes suivans :

### Jugement du tribunal de Marie-Galante.

(17 décembre 1821.)

« Considérant que par sa déclaration, en date du 6 octobre dernier, le sieur Jean-Baptiste Ravend cadet dit seulement qu'il était armé d'un fusil de chasse, mais qu'il n'exprime point dans quelle intention il s'en était armé; que dans ses interrogatoires subis au procès il déclare que c'était pour aller à la chasse, et non dans le dessein de faire feu sur les nègres qu'il pourrait rencontrer dans ses cafés, et les volant; qu'il ne résulte de l'information aucune preuve contraire à ses aveux;

« Considérant que, par la même déclaration, ledit sieur Jean-Baptiste Ravend dit encore, sans aucun développement, qu'il déchargea son fusil sur la négresse, et qu'il l'étendit par terre; que de ces expressions on ne peut induire qu'il a tiré son coup de fusil pour la tuer; que les juges ne peuvent suppléer à cette intention par des indices, qui même ne se montrent pas au procès; que ce coup de fusil tiré par le sieur Ravend cadet ne peut être envisagé que comme un mouvement spontané et irréfléchi de sa colère, et plutôt dans le dessein de marquer la négresse de plusieurs grains de plomb à l'effet de la reconnaître, que dans celui de la tuer;

« Considérant que cependant l'irréflexion du sieur Ravend cadet est cause de la mort de la négresse Colas, et qu'il ne peut, quoique meurtrier involontaire, jouir d'une impunité qui offenserait les lois;

« Nous déclarons le sieur Jean-Baptiste Ravend cadet atteint et convaincu d'avoir donné la mort involontairement à la négresse Colas;

« En conséquence, le condamnons à être banni du ressort de la juridiction du tribunal de première instance de l'île de Marie-Galante [1] pendant l'espace de dix mois; à lui enjoint de garder son ban, conformément à la déclaration du roi, du 31 mai 1682, dont nous lui avons donné lecture. Ordonnons que le fusil à deux coups avec lequel il a homicidé ladite négresse restera déposé aux archives du greffe [2], et condamnons en outre ledit sieur Ravend aux dépens. »

Le sieur Desforges trouva ce jugement trop sévère; il en appela, par le motif que c'est dans les colonies une opinion fondée qu'un blanc qui se rend coupable d'homicide par imprudence ou autrement sur la personne d'un esclave, n'est pas sujet aux peines établies par les ordonnances; tandis que le noir esclave, coupable d'homicide involontaire, est condamné à mort sans rémission.

Le ministère public en appela aussi *à minimâ*, et sur le tout, conclusions de M. de La Charrière, avocat général,

(1) C'est-à-dire qu'on l'envoie séjourner pendant ce temps à la Guadeloupe, à cinq lieues de Marie-Galante.

(2) Comme il fallait un coupable, le tribunal trouva tout simple que le fusil avec lequel la négresse a été tuée, restât déposé aux archives du greffe. Le procureur du roi avait été plus sévère, il avait requis la confiscation du fusil au profit des pauvres, et demandé qu'il fût enjoint au sieur Desforges de ne plus coucher en joue à l'avenir un esclave, sous peine....... d'être déchu du droit d'en posséder dans la colonie, c'est-à-dire qu'il pourrait toujours en posséder à la Martinique, à la Guadeloupe et ailleurs.

qui requiert que l'appellation et ce dont est appel soient mis au néant, quant au chef qui condamne l'appelant à dix mois de bannissement : émendant, quant à ce, le sieur Ravend-Desforges soit condamné à une détention de trois mois.

( Arrêt de la Cour, 19 janvier 1822. )

« Considérant que les procès-verbaux dressés le 7 octobre dernier, sur l'habitation du sieur Jean-Baptiste Ravend cadet, tant par les officiers du tribunal de première instance de Marie-Galante, que par le sieur Mouraille, chirurgien commis aux rapports dudit lieu, prouvent qu'une négresse, âgée de vingt-cinq ans ou environ, et enceinte de quatre à cinq mois, a été trouvée morte dans les cafés de ladite habitation, et que la cause de sa mort provient d'une blessure qui lui a été faite dans la partie postérieure et latérale gauche de la poitrine, avec une arme à feu, chargée avec du plomb numéro 8 ;

« Considérant qu'à ce corps de délit bien prouvé se joint la confession libre et volontaire du sieur Ravend ( consignée dans la déclaration qu'il a faite, le 6 octobre dernier, au tribunal de Marie-Galante, et dans les interrogatoires postérieurement subis ), que c'est lui qui, le même jour 6 octobre, entre dix et onze heures du matin, et inconsidérément, sans dessein prémédité et sans volonté de tuer, a donné la mort à ladite négresse ;

« Considérant que tous les criminalistes décident qu'une telle confession fait preuve pleine et entière contre l'accusé, quand le corps du délit est d'ailleurs constant ;

« Considérant que le Code pénal n'a pas encore été introduit dans la colonie, et que les tribunaux sont forcés de suivre les dispositions des ordonnances dans les matières criminelles ; qu'elles établissent pour principe que tout homicide quelconque mérite la mort, et que même à l'égard de l'homicide casuel ou commis dans la nécessité de la défense, il faut obtenir du roi des lettres de grace; qu'il n'y a dans le système colonial qu'une exception à cette règle : c'est l'article 43 de l'édit de 1685, qui permet aux tribunaux, dans le cas où il y a lieu à absolution, de renvoyer absous les maîtres ou commandeurs qui auraient tué des esclaves sous leur puissance ou sous leur direction, et ce, sans qu'ils aient besoin de lettres de grace; que cet article n'est aucunement applicable à l'accusé qui a tué un esclave appartenant à un tiers;

« Considérant que d'après ces principes la Cour serait forcée de prononcer la peine de mort contre le sieur Ravend cadet, dûment atteint et convaincu d'homicide sur la personne de la négresse Colas; mais que Sa Majesté, dans la lettre par elle adressée, le 27 août 1744, au conseil souverain de la Martinique, a permis aux conseils supérieurs des colonies de surseoir les jugemens des procès dans le cas d'homicide involontaire ou commis dans la nécessité d'une légitime défense de la vie;

« Considérant que les faits du procès autorisent la Cour royale à user de cette bienfaisante disposition;

« Qu'il est prouvé, en effet, que l'accusé était sorti de chez lui pour aller à la chasse du menu gibier, puisque son fusil n'était chargé que de plomb numéro 8; qu'il n'a en conséquence existé aucun dessein prémédité de commettre un assassinat; que l'homicide commis par lui n'a pas non plus été volontaire; que l'intention de donner la mort est repoussée par la nature même des moyens dont il s'est servi; qu'en tirant avec du plomb numéro 8 sur une négresse faisant partie des trois voleurs qu'il venait de rencontrer sur son habitation long-temps dévastée, il est évident qu'il n'a voulu que la blesser légèrement, ou du moins faire des marques suffisantes pour la faire reconnaître; que cette action peut être rangée dans la classe de ces faits casuels que ne peut prévoir aucune prudence humaine, qui ne sont jamais punis comme crime, à cause de l'absence de la volonté, mais punis seulement à cause de la maladresse, de l'imprudence ou de l'inconsidération qui leur ont donné naissance, et sans lesquels l'ordre de la société n'eût pas été troublé;

« Par tous ces motifs,

« Vu la lettre de Sa Majesté, adressée au conseil souverain de la Martinique, le 27 août 1744;

« La Cour surseoit le jugement du procès criminel instruit et poursuivi par le tribunal de Marie-Galante, contre le sieur Jean-Baptiste Ravend cadet, habitant et propriétaire de ladite île, accusé d'homicide commis en la personne de la négresse Colas, esclave du sieur Calbiac, habitant dudit lieu, le 6 octobre dernier;

« Ordonne, aux termes de la lettre précitée, qu'expéditions en bonne et due forme des interrogatoires de l'accusé, information, récolement et confrontation des témoins, seront délivrées à M. le procureur général près la Cour, pour être par lui transmises à M. le gouverneur et administrateur pour le Roi de cette colonie, avec prière de les faire parvenir à Son Excellence le secrétaire d'État ministre de la marine et des colonies, afin d'être mises sous les yeux de Sa Majesté;

« Et, attendu que le crime imputé à l'accusé est de nature à mériter peine afflictive, et que le tribunal de Marie-Galante aurait dû décerner la prise de corps sur le seul titre de l'accusation;

« La Cour convertit le décret d'ajournement personnel, prononcé par le tribunal, en décret de prise de corps; ordonne que le sieur Jean-Baptiste Ravend-Desforges sera pris et appréhendé au corps, par suite conduit dans les prisons de Basse-Terre, sur les registres desquelles il sera écroué, pour y rester détenu jusqu'à ce qu'il ait plu à sa majesté d'expliquer ses intentions à son égard. »

Le gouverneur envoya la procédure au ministre; et, le 17 octobre 1822, S. Exc. lui répondit en ces termes:

« M. le vicomte, vous avez adressé à mon département la procédure criminelle instruite dans la colonie contre le sieur Ravend cadet, de Marie-Galante, contumace, convaincu d'avoir tué, d'un coup de fusil, une négresse qui volait du café sur son habitation...

« Sans examiner l'affaire au fond, je me borne à vous faire observer qu'un jugement rendu par défaut ne saurait jamais donner lieu à un recours en grace, parce qu'au moment où la contumace se présente, le même jugement se trouve annulé. Avant l'arrêt contradictoire [1], la clémence royale, dont le principe est d'adoucir la justice, aurait l'inconvénient de la paralyser. En un mot, le droit de grace le plus auguste de la souveraineté ne peut être exercé que lorsque les tribunaux ont définitivement prononcé l'application des lois ordinaires, etc. »

Ici la scène change ; on veut rejeter sur le nègre Cajou, esclave du sieur Desforges, la responsabilité du crime. L'esclave d'un propriétaire voisin de M. Desforges fait une déposition contre ce jeune nègre ; elle est corroborée par la déclaration de huit témoins qui déposent que c'est par générosité, pour soustraire ce nègre à la peine de mort, que le sieur Desforges s'en reconnut l'auteur, qu'ils tiennent cet aveu de la bouche du sieur Desforges lui-même.

En conséquence, le procureur du roi requiert que le nègre Cajou soit écroué et décrété de prise de corps, qu'il soit interrogé dans les vingt-quatre heures sur le fait du crime qu'on lui impute, qu'il soit procédé de suite à l'information et qu'assignation soit donnée aux témoins.

Le 19 octobre 1823, conclusions du procureur du roi, par lesquelles il s'exprime ainsi :

« La confrontation de l'accusé ne nous fournit aucun aveu de sa part; au contraire, il nie tout. Il déclare qu'il était malade à l'hôpital ; qu'il est faux qu'il pût être à la maison principale pour y prendre un fusil; qu'il n'a jamais fait aucune confidence à qui que ce soit sur le meurtre qu'il n'a pas commis, il va même jusqu'à demander à certains témoins s'ils n'ont pas reçu de l'argent de ses maîtres pour l'accuser.

« Ce plan de déclaration, ajoute M. le procureur du roi, ne doit pas étonner. La détention de Casimir Cajou a été longue dans une prison où le secret ne peut être observé, surtout avec un concierge infidèle, qui a laissé communiquer avec le prisonnier.

(1) C'est une erreur, l'arrêt est contradictoire, et n'a pas été rendu par défaut comme le suppose la lettre du ministre. Ce n'est que depuis l'arrêt de la Cour que le sieur Desforges, qui croyait que les choses iraient plus doucement, s'est soustrait par la fuite à l'exécution du décret de prise de corps.

« A l'époque où Casimir Cajou, qui n'était pas même accusé, se croyait à l'abri de toute inquiétude sur ce fâcheux événement, ses aveux furent francs et naïfs; mais aujourd'hui qu'il se voit livré et traduit en prison depuis plusieurs mois, poursuivi lui-même comme l'assassin de la négresse Colas, effrayé pour ses jours, il prend le parti de la dissimulation pour se sauver.

« Le corps des preuves nous a paru trop complet pour laisser aucun doute que ce ne soit Casimir Cajou, accusé, qui a tué la négresse Colas, appartenant à M. de Calbiac.

« Rien ne peut excuser Casimir d'avoir eu l'audace, dans l'absence de son maître, de prendre son fusil de chasse chargé, sans son autorisation, et au mépris des représentations qui lui furent faites par le premier témoin, qui travaillait alors comme menuisier à la maison du sieur Ravend-Desforges.

« D'après ces motifs, tout vu et mûrement réfléchi :

« Nous concluons à ce que l'accusé Casimir, *dit* Cajou, soit déclaré dûment atteint et convaincu d'avoir tué d'un coup de fusil chargé à petit plomb, ainsi que le constate le procès-verbal du chirurgien aux rapports, lors de la descente de justice qui eut lieu il y a deux ans passés, quand il dit plomb n. 8, la négresse Colas appartenant à M. de Calbiac.

« Mais, attendu que le meurtrier n'était point alors arrivé à l'âge de puberté, car il n'avait pas 14 ans, à ce que la peine capitale ne puisse lui être appliquée, pour réparation dudit meurtre, non plus que d'être considéré de sa part comme de dessein prémédité ;

« Nous concluons à ce qu'il soit condamné au carcan pendant une heure de temps; à ce qu'il soit fouetté par vingt-neuf coups de fouet, et condamné à la chaîne publique pendant six ans. »

Jugement définitif du tribunal de Marie-Galante.

(24 octobre 1823.)

« Considérant que des dépositions des premier, cinquième et septième témoins dans l'information, et des deuxième, sixième, huitième et neuvième témoins en la continuation d'information, il résulte la preuve que le jour même du meurtre de la négresse Colas, Casimir Cajou a été vu armé d'un fusil, et suivi du nègre Quiouquiou; que le cinquième témoin de l'information, et le deuxième de la continuation d'information, l'ont vu ce jour-là armé d'un fusil dans la ravine du sieur Ravend-Desforges, lieu du délit, et ont entendu, l'un avant de l'avoir rencontré, et l'autre après, tirer un coup de fusil dans cette ravine; que le onzième et dernier témoin de l'information ont déposé des mêmes faits, en ajoutant le fait particulier du coup tiré par Cajou sur la négresse Colas et de la mort soudaine de celle-ci;

« Considérant que les deuxième, troisième, quatrième et sixième témoins de la continuation de l'information ont entendu de la bouche même de Cajou l'aveu du meurtre qu'il avait commis sur la négresse Colas; que les sixième, huitième et neuvième témoins de la continuation d'information ont entendu Cajou faire à son maître la déclaration de son meurtre;

« Considérant que la déposition de Quiouquiou, bien que faite par un enfant impubère, concordant parfaitement avec la déposition du cinquième témoin de l'information et le deuxième de la continuation d'information, acquiert par cette concordance un degré de poids qu'elle n'aurait point isolée, qui ne permet pas de la rejeter;

« Considérant que les dépositions des témoins entendus, tant dans l'information que dans la continuation d'information, réunissant les caractères exigés par la loi, portent sur l'objet même dont il s'agit au procès; qu'elles sont faites d'une certaine manière, déterminée et non équivoque, d'où il résulte une preuve irréfragable contre Casimir Cajou, que son système de dénégation ne saurait atténuer;

« Considérant qu'à l'époque où le meurtre a été commis le nommé Casimir, *dit* Cajou, n'avait point encore atteint sa quatorzième année, ainsi qu'il appert par les dénombremens sur lesquels il est porté; qu'il est censé par cela n'avoir pu sentir ni connaître toutes les conséquences du crime qu'il commettait;

« Par tous ces motifs le tribunal déclare le nommé Casimir, *dit* Cajou, dûment *atteint et convaincu* du meurtre commis sur la négresse Colas, appartenant au sieur de Calbiac; pour réparation de quoi, attendu sa minorité, au lieu de la peine *capitale*, le condamne à *dix années de travaux forcés.* »

Le procureur général ayant fait remettre sur le bureau de la Cour, le 24 novembre 1823, des conclusions cachetées, par lesquelles, en s'expliquant tant sur le procès criminel de Cajou que sur la demande en révision du sieur Ravend-Desforges, il a requis qu'il plût à la Cour royale déclarer qu'il ne résulte pas des pièces et de l'instruction d'indices suffisans de culpabilité contre Cajou, et le décharger de l'accusation.

(Arrêt du 24 novembre 1823.)

« Statuant sur la validité des dépositions ;

« Attendu qu'il est de principe que les dénonciateurs ne peuvent jamais être admis comme témoins [1], puisqu'ils ont intérêt à soutenir la vérité de leurs dénonciations, et à se soustraire aux dommages et intérêts, ainsi qu'à l'action en calomnie qui pourrait être intentée contre eux ;

« Attendu que les noms des dénonciateurs doivent rester inconnus jusqu'après l'événement de l'instance criminelle ;

« La Cour rejette du procès les déclarations faites au procureur du roi de Marie-Galante, les 23 juin et 18 juillet derniers, par les nommés Joséfou et Séverin Rameaux, ensemble leurs dépositions et tout ce qui s'en est ensuivi.

« Attendu que le sieur Ravend aîné, frère du sieur Ravend-Desforges, déclaré coupable par arrêt de la Cour, de l'homicide commis sur la personne de la négresse Colas, a un intérêt évident à détourner de la tête de son frère la peine capitale attachée par la loi à ce genre de crime, et que par suite les huitième et neuvième témoins de la continuation d'information, esclaves

(1) Ce principe est vrai, mais la Cour royale de la Guadeloupe ne l'a pas toujours professé ; sa jurisprudence varie suivant la nature des affaires. Par exemple, dans un procès politique, tel que celui des hommes de couleur de la Martinique, elle a admis le témoignage du dénonciateur *Morando*, le seul qui déposât contre Bissette, bien que la nullité de ce témoignage fût proposée par Me Foignet, qui invoqua les précédens de la Cour. (BISSETTE.)

du sieur Ravend, sont nécessairement présumés devoir agir sous son influence;

« La Cour rejette du procès les dépositions des huitième et neuvième témoins de la continuation d'information.

« Attendu que la loi défend d'entendre les esclaves pour ou contre leurs maîtres dans les matières criminelles; qu'il est démontré que si la culpabilité du nègre Casimir, *dit* Cajou, est reconnue, l'innocence du sieur Ravend en est la suite nécessaire, à moins de preuve de complicité; que par suite, le dixième témoin de l'information, esclave du sieur Ravend-Desforges, ne saurait être entendu;

« La Cour rejette la déposition du dixième témoin.

« Attendu que nul témoin, suivant l'art. 4 du tit. 6 de l'ordonnance de 1670, ne peut être admis à déposer avant d'avoir fait apparaître de la copie de l'assignation qui lui a été donnée; que cette formalité est tellement essentielle que toutes les dépositions où elle n'a pas été suivie ont toujours été déclarées nulles;

« Attendu que le deuxième témoin de l'information, les deuxième et sixième de la continuation n'ont point représenté la copie de leur assignation;

« La Cour rejette les dépositions desdits témoins.

« Et, statuant sur le fond;

« Attendu qu'aucun des témoins maintenus au procès ne déclare avoir vu le nègre Casimir tirer un coup de fusil sur la négresse Colas, et cette négresse tomber après le coup tiré;

« Attendu que le fait d'un fusil vu le jour du meurtre entre les mains du nègre Cajou, et du panier taché de sang que portait derrière lui le petit nègre Quiouquiou, en le supposant vrai, ne prouverait rien autre chose, sinon que ce nègre, qui était le domestique du sieur Ravend, a pu être chargé par lui de porter *son fusil*;

« Attendu que ce fait même a été dénié par le nègre Cajou, qui a déclaré qu'il était renfermé sous clef à cette époque dans l'hôpital, à l'occasion d'une maladie que l'on présumait être des pians, et dont la nature contagieuse exigeait son isolement des autres esclaves, et que la preuve contraire de ce fait, qui annonçait un alibi, n'existe point au procès;

« Attendu que ces faits et les aveux que plusieurs témoins disent avoir entendu faire au nègre Cajou qu'il était l'auteur du meurtre de la négresse Colas, ne peuvent résister à la preuve invincible du contraire, qui résulte de la dénégation constamment faite en justice par ledit nègre, appuyé de l'aveu fait et réitéré librement et dans la plénitude de sa raison, sous la foi du serment en face de la justice par le sieur Ravend, que d'autre que lui ne saurait être accusé du meurtre de la négresse Colas; que c'est lui qui seul et sans témoins a commis cet homicide involontaire;

« Attendu que les dépositions des témoins sont bien affaiblies par la circonstance que ces mêmes témoins ayant eu une prétendue connaissance entière de la culpabilité du nègre, ont gardé pendant deux ans un silence absolu devant la justice, et ont laissé au sieur Ravend-Desforges, dont la conduite devait démontrer à leurs yeux une aliénation de sa raison, se jeter, par son propre aveu, sous le coup d'une peine capitale et infamante;

« Par tous ces motifs,

« La Cour met l'appellation et ce dont est appel au néant; émendant, décharge le nègre Casimir de l'accusation portée contre lui; ordonne qu'il sera relaxé des prisons, s'il n'est détenu pour autre cause, etc., etc. »

(Autres conclusions, du 24 novembre 1823, par lesquelles :)

« Vu 1° toutes les pièces de la procédure instruite par le tribunal de première instance de Marie-Galante contre le sieur Ravend;

« 2° L'arrêt du 19 janvier 1822, par lequel la Cour l'a déclaré coupable de l'homicide dans la personne de la négresse Colas, et décrété de prise de corps;

« 3° La dépêche de S. Ex. le ministre de la marine, adressée au gouverneur le 17 octobre 1822, de laquelle dépêche il résulte que, du moment que la Cour royale déclarait constant le fait qui, dans son opinion, constituait l'homicide involontaire, elle devait prononcer contre le coupable la peine portée par les lois (la mort), SANS EN RÉFÉRER AU ROI, parce que Sa Majesté ne saurait exercer le droit de grace qu'après que les tribunaux ont statué sur l'accusation et appliqué la peine;

« 4° Les lettres par nous adressées à nos substituts près les tribunaux de la Basse-Terre, de la Pointe-à-Pître et de Marie-Galante, pour les inviter à employer tous les moyens qui étaient en leur pouvoir, et à prendre toutes les mesures nécessaires pour s'assurer de la personne du sieur Ravend, en exécution de l'arrêt de la Cour, portant décret de prise de corps;

« Il plaise à la Cour déclarer qu'il y a lieu, contre ledit sieur Ravend, à l'application de la peine d'emprisonnement pendant un an, comme s'étant involontairement rendu coupable, ainsi qu'il résulte de l'instruction et de ses aveux réitérés, de l'homicide commis sur la personne de la négresse Colas, nous en rapportant à la Cour sur la question de savoir si elle doit, dès ce moment, prononcer cette peine ou différer de l'appliquer au sieur Ravend, jusqu'à ce que son arrestation soit effectuée;

« Condamner le sieur Ravend aux dépens occasionnés, non-seulement par la procédure qui a été dirigée contre lui-même, mais encore par celle qui l'a été récemment par l'instigation de ses parens ou amis, contre le nègre Casimir, à raison du même fait constituant le crime d'homicide involontaire. »

(Autre arrêt, du 24 novembre 1823.)

« La Cour, vu la lettre de S. Ex. le ministre de la marine et des colonies, en date du 17 octobre 1822, enregistrée au greffe de la Cour, à la date de ce jour 24 novembre 1823, laquelle porte, etc., etc.; (*V.* page 194)

« Considérant qu'il est prouvé au procès, ainsi que l'arrêt du 19 janvier le constate, que l'accusé a subi son dernier interrogatoire derrière le barreau; que son défenseur officieux a été entendu dans sa plaidoirie; que l'accusé n'était alors que sous le coup d'un décret d'ajournement personnel; que ce n'est enfin qu'après l'arrêt rendu, et le décret de prise de corps lancé contre lui, que l'accusé s'est soustrait aux poursuites de la justice;

« Qu'il résulte de tous ces faits que l'arrêt est contradictoire et définitif ; que l'accusé ne peut être considéré comme contumace ; et que, s'il obéit à son décret de prise de corps, l'arrêt subsistera toujours ;

« Considérant que la Cour, en qualifiant l'homicide involontaire comme emportant la peine de mort, mais en même temps pouvant, d'après toutes les circonstances atténuantes, obtenir les lettres de grace de Sa Majesté, s'est autorisée de la lettre du roi, du 27 août 1744 ;

« Considérant que la Cour, dans le dispositif de son arrêt, en se servant textuellement des expressions de cette lettre, n'a fait que surseoir la peine de mort encourue par l'accusé, et pour la rémission de laquelle la Cour soumettait le coupable à la clémence du roi ;

« Considérant enfin que la Cour, dans sa jurisprudence, s'est conformée au texte formel de la lettre de Sa Majesté, notamment dans le dernier procès instruit contre le sieur Denaud-Giraud Desmarais, lequel a obtenu des lettres de grace de Sa Majesté, à la date du 3 septembre 1817, lesquelles lettres de grace s'expriment ainsi : « Nous avons pris connaissance « d'un arrêt du 12 novembre 1816, par lequel le conseil supé- « rieur de la Guadeloupe a ordonné que, d'après la faculté qui « en est accordée par la lettre du roi, du 27 août 1744, il se- « rait sursis au jugement du procès, attendu qu'il s'agit d'un « homicide involontaire » ;

« Par ces motifs, la Cour déclare qu'il n'y a lieu à procéder à un nouvel arrêt dans le procès criminel instruit contre le sieur Ravend.

« Ordonne qu'une expédition du présent arrêt sera adressée à M. le procureur général, pour être, par lui, transmise à M. le gouverneur et administrateur pour le roi, avec invitation de vouloir bien la faire parvenir à Son Exc. le ministre de la marine et des colonies, pour être mise sous les yeux de Sa Majesté. »

## ARRÊT

De la Cour de cassation, qui rejette le pourvoi de Ravend-Desforges contre les arrêts de la Cour de la Guadeloupe des 19 janvier 1822 et 24 novembre 1823.

Audiences des 15 et 16 février 1828.

(Présidence de M. Bailly.)

« Ouï le rapport de M. Ollivier, conseiller ; les observations de M. Jousselin, avocat de Ravend-Desforges et les conclusions de M. Laplagne-Barris, avocat général ;

« La Cour, attendu que le pourvoi du demandeur a été formé dans le délai légal et avec les formalités prescrites ; que le demandeur est en état ;

« Déclare le pourvoi recevable.

« *Sur la compétence :* Attendu que l'objet du pourvoi rentre dans les attributions de la Cour de cassation ;

« La Cour se déclare compétente.

« *Statuant au principal,* sur le pourvoi formé contre l'arrêt du 19 janvier 1822 ;

« *Sur le premier moyen* : Attendu que la Cour royale de la Guadeloupe, en déclarant le demandeur atteint et convaincu d'homicide involontaire, crime entraînant la peine de mort, *sans néanmoins prononcer de condamnation*, loin d'avoir violé les lettres du roi du 27 août 1744, s'y est parfaitement conformée ;

« *Sur le deuxième moyen* : Attendu que cette Cour, en reconnaissant la culpabilité du demandeur, d'après ses aveux constans et réitérés, n'a point violé l'art. 5 du titre 25 de l'ordonnance criminelle de 1670 ;

« *Sur le troisième moyen* : Attendu qu'en transformant en décret de prise de corps l'ajournement personnel donné au demandeur, cette Cour n'est point contrevenue aux art. 1 et 7 du titre 10 de la même ordonnance ;

« Rejette le pourvoi formé contre cet arrêt ;

« *En ce qui touche l'arrêt du 24 novembre 1823 rendu contre le demandeur* : Attendu que cet arrêt n'a statué sur aucune demande en révision, et qu'il n'a fait que confirmer celui du 19 janvier 1822 ;

« Rejette le pourvoi ;

« *En ce qui touche l'arrêt rendu le même jour, 24 novembre* 1823, *contre Casimir*, dit *Cajou* : Attendu que le demandeur n'était pas partie dans cet arrêt : que dès lors il ne peut, en l'absence de Casimir, *dit* Cajou, avoir qualité pour en demander la cassation ;

« Le déclare non-recevable dans son pourvoi contre cet arrêt [1]. »

---

# AFFAIRE

De MM. Sylvestre Lacoste, homme de couleur, et Littré, habitant, colon de la Guadeloupe.

(5 mai 1828.)

Le sieur Sylvestre Lacoste est une des victimes du préjugé colonial, de l'inégalité qui existe dans

(1) Le sieur Ravend-Desforges, qui s'était constitué prisonnier à Paris afin de faire juger son pourvoi, a été mis en liberté après l'arrêt de la Cour, et a reçu un passeport pour se rendre à la Guadeloupe, où son sort doit être définitivement décidé. Son défenseur, Me Jousselin, avocat aux conseils, avait présenté au conseil des ministres requête tendante à arrêter les suites de cette affaire ; il fut répondu que le ministère ne pouvait en connaître ; mais sur une nouvelle requête au ministre de la marine, dans laquelle il demandait que Ravend ne fût condamné qu'à *un emprisonnement de huit jours et* 150 *fr. d'amende*, il a obtenu une recommandation de ce ministre auprès des magistrats de la colonie, pour que la peine ne dépassât pas ces conclusions.

Nous ignorons encore l'issue de cette affaire. (BISSETTE.)

les peines, entre les hommes libres de sang mêlé et les blancs, et de la partialité des tribunaux.

En 1822, il obtint, non sans peine, du gouverneur de la colonie, un passeport à l'effet de se rendre en France pour les affaires de son commerce.

Lorsqu'en 1826 il se disposait à retourner dans la colonie, il obtint, par l'entremise de personnes titrées, à Paris, de M. le comte de Chabrol, ministre de la marine, sous la date du 30 juin, une recommandation spéciale pour le gouverneur de la Guadeloupe.

Rien n'était plus nécessaire; car d'après les événemens de la fin de 1823, un colon privilégié, M. de la Clemandière, commandant de la paroisse du Moule, avait profité de son absence pour le calomnier auprès des autorités locales qui avaient accueilli une dénonciation dont il est bon de rapporter ici les termes, pour faire sentir ce que c'est que le despotisme colonial. Ils sont tirés d'une lettre écrite au procureur du roi de la Basse-Terre, sous la date du 4 février 1824, par M. le contre-amiral Jacob, alors gouverneur de la Guadeloupe.

« M. le gouverneur du Moule m'a signalé l'*in-*
« *solence* d'un homme de couleur, nommé Lacoste,
« marchand au bourg du Moule, qui est parvenu,
« en 1822, comme il le lui avait déclaré *imperti-*
« *nemment*, à sortir de la colonie sans *son certifi-*
« *cat*, et pour ainsi dire malgré l'opposition qu'il

« (M. de la Clemandière) entendait mettre à son « départ pour l'obliger à faire son service dans la « milice [1] ».

« M. de la Clemandière m'annonce que cet indi- « vidu, qui par suite est parti pour la France, pro- « jette de rentrer prochainement dans la colonie. »

« D'après des renseignemens particuliers et plus « étendus qui m'ont été fournis sur le compte du « nommé Sylvestre *dit* Lacoste, il paraît qu'il serait « à tenir en haute surveillance. Ses manœuvres et « ses démarches, pendant son séjour en France et « particulièrement à Paris, donnent à penser qu'il « n'est pas étranger à l'émission des pamphlets qui « ont été dernièrement répandus parmi la classe de « couleur dans la colonie [2]. »

« Que pour se mettre à l'abri du service de la « milice, comme s'en plaint M. de la Clemandière,

(1) Ne semble-t-il pas qu'un homme inscrit sur les contrôles de la garde nationale (et la milice des colonies n'est pas autre chose) ne peut voyager pour les affaires du commerce maritime, et qu'on peut s'en servir comme d'un moyen d'y rétablir le servage de la glèbe, au moins à l'égard des hommes de sang mêlé.

(2) A l'époque où cette lettre fut écrite (4 février 1824), les autorités de la Martinique venaient de faire arrêter, sur la dénonciation de trois commandans de paroisse, aussi zélés que M. de la Clemandière, Montlouis Thebia et Millet, les deux hommes les plus circonspects et les plus paisibles qu'on ait jamais vus, et qu'on ne manqua pas de signaler comme députés de la classe de couleur à Paris. Une adresse séditieuse de leur part au gouverneur fit déporter l'élite de cette classe.

« il a eu recours à un *subterfuge*, à un *faux*; et « bien qu'établi par le fait au bourg du Moule, il a « déclaré son domicile à la Pointe-à-Pître, chez « Destin [1]. »

La lettre du gouverneur se termine par l'injonction faite au procureur du roi de faire subir à Lacoste une détention d'un mois, aussitôt son débarquement, pour le punir de son irrévérence, et par une mise en surveillance judiciaire.

Un ordre aussi monstrueux n'a point été exécuté, grace à la lettre de M. de Chabrol, dont Lacoste était porteur.

Mais la haine que les blancs ont vouée comme par instinct à tout homme de couleur qui se rend en France, parce qu'on y entend le langage des lois et de la véritable liberté, ne pouvait manquer d'éclater contre Lacoste.

Il revint, imprudemment peut-être, à son débarquement de France, habiter au quartier du Moule. Là, vivait un sieur Littré, imbu de tous les préjugés et de toute la fatuité coloniale, et de plus débi-

(1) Cette déclaration remonte au 27 septembre 1815. Elle fut faite avec le concours des autorités anglaises, alors en possession de la colonie.

N'est-ce pas par l'effet de la haine la plus aveugle, et par l'oubli des plus simples notions du droit chez un fonctionnaire public, qu'on caractérise de *faux* une déclaration que l'on suppose ne pas exister, et qu'on dénie à un homme libre, à un négociant, le droit de changer de domicile quand cela lui plaît?

teur de Lacoste. Cet homme, en 1823, avait recélé un soldat déserteur des troupes de la garnison. Il avait été déclaré convaincu du fait par jugement du tribunal de la Pointe-à-Pître, du 30 janvier 1824; mais par le motif que les lois des 14 novembre 1797 et 8 mars 1800, répressives de ce délit, n'avaient pas été enregistrées au greffe de ce tribunal [1], il fut affranchi de la peine, et condamné seulement à une amende et aux dépens.

Au mois de février de la même année, Littré fut, par une lettre du commandant de sa paroisse, M. de la Clémandière, déclaré coupable d'avoir fait mettre *aux fers,* dans sa maison, un sieur Mercier, de *l'avoir mutilé d'une manière atroce de coups, surtout au visage.*

Un fait semblable eût entraîné, d'après le Code pénal en France, art. 344 et 341, la peine de mort, ou au moins celle des travaux forcés à temps, puis-

(1) Trois ans plus tard, dans l'affaire Bissette, Fabien et Volny, la Cour royale de la même colonie a, par arrêt du 28 mars 1827, fait application à Bissette, mais en s'attribuant le droit de la modifier, d'une disposition d'une ordonnance de 1757, qui n'avait jamais été promulguée dans les colonies, et portant peine capitale contre les auteurs et distributeurs de libelles séditieux, et par arrêt du 29 décembre 1827, la Cour de cassation a jugé que les lois de la métropole y devaient être exécutées *sans enregistrement.*

Ainsi, il y a diversité de jurisprudence selon qu'il s'agit des blancs ou des hommes de couleur.

qu'il y a eu séquestration de personne et violences exercées.

M. de la Clemandière lui infligea, de sa seule autorité, une détention de quinze jours à subir dans les prisons de la Pointe-à-Pître. Mais le ministère public trouva que, dans cette circonstance, M. le commandant avait usurpé l'autorité judiciaire. Il déféra le fait à la justice ; et le tribunal de la Pointe-à-Pître, par jugement du 27 février, sans s'arrêter à la décision illégale de M. le commandant du Moule, condamna Littré seulement à six jours de prison.

Enfin, pour mieux faire connaître la moralité du sieur Littré, un arrêt de la Cour royale de la Guadeloupe, constate qu'il avait été poursuivi à la requête du ministère public pour tentative de meurtre sur la personne du nègre Regis [1].

Le 5 mai 1828, le sieur Lacoste, créancier du sieur Littré, se rendit sur l'habitation de celui-ci, pour y faire un recouvrement. Dans le cours de la conversation on parla du prix des sucres, et de l'arrivée de trois à quatre cents nègres, produit de la traite, et qui venaient d'être vendus dans la commune de Saint-François. M. Lacoste s'avise alors de toucher quelques mots de la législation sur la

(1) Littré avait déchargé un coup de fusil à ce nègre ; mais comme le coup n'a été tiré qu'à une grande distance et avec du plomb n° 8, la procédure ne fut point réglée à l'extraordinaire ; il fut condamné seulement à trois jours d'emprisonnement, sans aucune réparation envers le malheureux nègre qu'il avait blessé.

traite des noirs, de la manière dont les habitans administraient leurs esclaves et de répéter quelques-unes de ces maximes qui passent dans la métropole pour vérités démontrées. Il est bientôt terrassé et meurtri de coups par le sieur Littré, aidé de deux autres individus [1]; dans la lutte, Lacoste mordit le pouce à Littré. A cet instant, il est expulsé de la maison et conduit dans une chambre servant d'hôpital, où il fut trouvé *enfermé sous clefs;* et là, Littré et ses deux complices le firent tenir par des nègres de l'habitation, et on se mit à le frapper avec une douve, qui fut trouvée teinte de sang.

Les gendarmes qui l'ont visité ont constaté cinq blessures à la tête, dont deux assez considérables. Il est dit dans leur rapport, qui, au reste, n'a pas d'autorité quant à ce, que Littré, ayant levé son fouet pour en appliquer un coup à Lacoste, celui-ci l'aurait prévenu en lui donnant un coup de poing sur la figure; et qu'à la suite de la rixe, Lacoste aurait été enfermé dans un cachot. Si Lacoste eût été appelé à signer ce rapport, il aurait rectifié ces inexactitudes. Il ne fut pas mis au cachot chez Littré, mais enfermé dans l'hôpital. Quoiqu'il eût été autorisé à prévenir par un coup de poing un coup de fouet déjà levé, il n'a cessé de soutenir qu'il avait été frappé le premier.

(1) Les sieurs Sérel et Rosier.

Dans la plainte du même jour au commandant de la paroisse, il avait fait le même récit de la même manière qu'aux gendarmes. On y voit que Littré l'avait menacé de le frapper, et que les effets ont immédiatement suivi la menace. Que se voyant frappé si indignement, il a cru devoir se défendre.

Dans son certificat du 5 mai, le chirurgien au rapport (M. Cicéron) a constaté cinq blessures *considérables* à la tête de Lacoste, deux fortes contusions au bras gauche, une de même nature au bras droit, une déchirure à l'articulation médiane du pouce, et deux contusions assez fortes à la jambe gauche. Seize jours après (le 21 mai), les blessures de Lacoste à la tête n'étaient pas encore cicatrisées. Elles avaient, l'une un demi-pouce de long au-dessous de l'oreille gauche, et l'autre, un pouce de long sur la tête au-dessus de l'oreille gauche.

Quant à celles de Littré, elles furent si légères qu'on ne put en faire la description. Il est de toute invraisemblance, comme l'a déclaré le témoin Sérel, complice de Littré, que ce soit Lacoste qui, par un coup de bambou donné par derrière, ait ouvert la veine frontale. On pourrait démontrer que cela est impossible. Le récit le plus vraisemblable sur ce point est la version des gendarmes. Littré n'a versé d'autre sang que celui qu'un coup de poing, appliqué avec la vigueur d'un homme aussi outrageusement traité, a pu répandre.

Littré, prévoyant bien que cet assassinat ne se passerait pas sous silence, se hâta de prendre les devants. Il écrivit le jour même au commandant de la paroisse, une lettre dans laquelle il traite de propos subversifs du système colonial la désapprobation donnée par Lacoste à l'introduction illicite de nouveaux esclaves ; il ne spécifie au reste aucun de ces propos dont il a parlé depuis ; mais il a offert, comme preuve décisive de son innocence, le témoignage de son commensal et complice le sieur Sérel ; il dit qu'il avait été frappé le premier jusqu'au sang dans la figure, avec une baguette que celui-ci tenait à la main ( il veut parler du coup de poing ), et, pour toute blessure, il dit qu'il a été mordu, lui et Rosier, son charretier, au bras et au pouce. Il requiert en conséquence que l'on constate son état et que l'on poursuive.

Aussitôt M. de la Clemandière, qui avait cru au-dessous de sa dignité de répondre au mulâtre, dont la plainte était bien plus grave et l'état alarmant, lui annonce qu'il donnera suite dès le lendemain à l'affaire, et *qu'il est heureux* qu'on ait deux témoins, les sieurs Sérel et Rosier, pour constater *les propos et les principes dangereux de Lacoste*. On voit toute la partialité du dénonciateur anonyme de 1824.

Dans les colonies, c'est une habitude et presque

un devoir social de soutenir les blancs contre les hommes de couleur, surtout par de fausses dépositions, et en altérant la vérité.

Le 16 mai, le juge d'instruction, M. Gauchard, a procédé à l'information : au lieu de poursuivre les sieurs Sérel et Rosier comme complices des violences et blessures de Littré, d'après les dépositions de MM. Bérard et Richebois, qui sont accusatrices de ceux-ci autant que de Littré, ce magistrat les entendit comme témoins. Sérel a déposé qu'étant le 5 mai (il ne dit pas comme commensal) dans la maison du sieur Littré, il vit arriver Lacoste ; il entendit la conversation qui commença par la baisse des sucres, qui continua, de la part de Lacoste, par l'éloge de la Chambre libérale, de ministres libéraux, tels que M. de Chateaubriant, du changement du système colonial, de la bonne réception faite à Paris aux hommes de couleur ; Lacoste aurait été admis à la table de MM. les fils du maréchal Ney, Benjamin Constant, Casimir Perrier, et *autres messieurs*, tant du côté gauche que du côté droit. Il avait lui-même reçu ces messieurs à sa table, et ils le traitaient de monsieur (ce qu'on ne fait pas aux colonies, où on dit le *nommé*, même en parlant d'hommes de couleur, négocians ou propriétaires d'habitations).

Littré aurait traité ces paroles de propos subversifs de l'ordre colonial ; Lacoste n'en aurait pas moins ajouté que la population était beaucoup trop nombreuse, qu'il fallait l'arrêter (par population, Sérel fit évidemment ici allusion aux esclaves ); Littré lui aurait répondu qu'il ne voulait pas de pareils propos dans sa maison, et l'aurait invité à sortir; lui, déposant, aurait dit également à Lacoste qu'il ne fallait pas tenir de pareils propos; Lacoste aurait persisté, Littré se serait levé, aurait pris Lacoste par le bras pour le faire sortir; puis, éprouvant de la résistance, il l'aurait appelé gredin, j.... f....., tu perds le respect que tu dois à un blanc; alors Lacoste aurait levé sur la tête de Littré une baguette garnie d'un bout en cuivre, et l'en aurait frappé par derrière de manière à briser la veine frontale; alors la lutte se serait établie; lui, déposant, serait intervenu, ainsi que Rosier, qui était dans une chambre voisine.

Lacoste aurait mordu Littré, puis Rosier, qui aurait pris part aux violences au lieu de les empêcher; alors on aurait donné des coups de bâton sur la tête de Lacoste; enfin lui, déposant, et Rosier seraient parvenus à les séparer et à faire entrer Lacoste dans l'infirmerie [1].

Pour intéresser des magistrats coloniaux à trouver Lacoste coupable, il fallait dénaturer la conver-

(1) Sérel, dans sa déposition, n'a point rappelé que Lacoste avait été *enfermé sous clé* dans l'infirmerie, et que Littré s'était d'abord cru en droit de le garder en charte privée. On y voit dans sa déposition l'exécution du système concerté entre Littré et lui, dont on avait entretenu M. Bérard après l'événement; c'est-à-dire de supposer que Lacoste s'était imprudemment vanté

sation qui n'avait porté que sur trois points, la baisse des sucres, le respect pour les lois d'abolition de la traite, et les mauvais traitemens faits aux esclaves dans certaines habitations, pour la changer *en propos subversifs*.

Le tonnelier Rosier fut le deuxième témoin; il déclara être en convalescence chez Littré : quoiqu'il fût dans la chambre voisine, selon Sérel, il déclara avoir vu entrer Lacoste et entendu toute la conversation; il intervint comme Littré prenait Lacoste pour le mettre à la porte, ce qui ne s'accorde pas avec la déclaration précédente, d'après laquelle il ne serait arrivé que pendant le combat.

Du reste, il dépose dans le même sens que Sérel.

Sur des dépositions aussi équivoques, aussi intéressées et aussi invraisemblables, le 17 mai, M. le juge d'instruction, sur le réquisitoire de M. le procureur du roi, décerna ce décret :

« Attendu que le nommé Sylvestre a tenu des « discours tendant à soulever une portion de la « population contre l'autre, délit qui peut empor-

des liaisons imaginaires qu'il aurait eues à Paris avec des personnages marquans, mais tous plus ou moins opposés au système colonial actuel.

Les colons ont grand intérêt à supposer que l'opposition libérale en Europe médite une révolution coloniale, tandis que tous ses efforts tendent à la prévenir, en ramenant les privilégiés à des concessions commandées par l'humanité, par la justice, par l'intérêt public, et par le respect dû à la Charte coloniale de 1685.

« ter une peine afflictive et infamante, donne acte
« de la plainte additionnelle formée par le minis-
« tère public, et décerne un décret de prise de
« corps contre Lacoste. »

Dans l'interrogatoire de Lacoste, le 19 mai, le juge lui oppose la déclaration des deux gendarmes comme un aveu qu'il avait porté des coups le premier à Littré.

Le rapport des gendarmes, n'étant pas signé de Lacoste, pouvait-il être qualifié *d'aveu?* Ce rapport ne dit-il pas que Littré avait le bras levé pour frapper lorsque Lacoste a frappé lui-même? Quant aux propos subversifs, on a soin d'écarter la question d'importation de noirs, qui, d'après la déposition de M. Bérard, fut évidemment le sujet de la querelle.

« Avez-vous dit qu'il y aurait bientôt une ré-
« volution? demanda le juge. — Non, répond
« l'accusé.

« Avez-vous dit qu'avec la Chambre actuellle des
« députés et le ministère en France, il y aurait né-
« cessairement un changement du système colo-
« nial? — Non.

« Avez-vous dit, en présence des sieurs Sérel et
« Rosier, que vous étiez sûr que les esclaves se ré-
« volteraient bientôt? — Non. »

« Quel but se proposaient donc Sérel et Rosier,
« en vous prêtant de pareils discours?

« *R.* Ce sont les deux satellites de Littré qui « m'ont frappé et presque assassiné.

« Vous êtes dans l'erreur en confondant le sieur « Rosier, qui est tonnelier à la Pointe-à-Pître, « avec l'économe du sieur Littré.

« *R.* Il n'y avait que deux messieurs avec le « sieur Littré, *et tous les deux m'ont frappé.*

« Quels motifs les ont portés à le faire ?

« *R.* Sérel était chez Littré à changer d'air ( à la « campagne ), et l'autre, dont j'ignore le nom, « sert Littré en qualité de cabroutier, depuis long- « temps. »

Le juge lui dit qu'il se trompe, et que cet individu ( Rosier ), dont le nom était inconnu à Lacoste, était aussi en changement d'air chez Littré, mais qu'il n'est pas à ses gages ; Lacoste persiste à dire qu'il est à ses gages et son cabroutier.

« En assurant qu'il y aurait bientôt une révolte « d'esclaves, n'avez-vous pas dit que vous saviez « cela de Paris, où vous avez mangé avec les mi- « nistres, le fils du maréchal Ney, Casimir Perrier « et autres [1] ? »

« *R.* Je ne connais pas même M. Casimir Per- « rier, ni le fils du maréchal Ney.

(1) C'est en des termes aussi peu convenables que, dans les colonies, on parle des citoyens les plus honorables de la métropole, auxquels on suppose le désir d'exciter une insurrection dans la population esclave.

« Avez-vous dit, pour vous attribuer un pou-
« voir imaginaire, que vous aviez donné à dîner « aux ministres de France [1], à différens députés « des deux côtés, et au fils du maréchal Ney ? » — *R.* Non.

Le 22 juillet 1828, les débats s'ouvrent devant le tribunal de la Pointe-à-Pître; M. Joyau, procureur du roi, dans un réquisitoire improvisé, dit qu'il pourrait appeler sur la tête de Lacoste toute la rigueur des *lois*, en demandant qu'on lui *ôtât sa liberté et qu'on le vendît comme épave*, ou requérir les peines du *carcan* et la *marque*, des *galères et même la mort!* Mais par indulgence il conclut à ce qu'il soit condamné *à cinq années d'emprisonnement.*

(1) Comment un magistrat a-t-il pu accueillir une idée aussi absurde que celle de dîners donnés par un simple commerçant d'une colonie lointaine à des ministres du roi, et acceptés par eux?

Par une autre contradiction, le juge suppose ensuite que Lacoste a reçu l'ordre de quitter Paris (comme si en France l'autorité se permettait jamais des actes aussi arbitraires); et que le ministère des colonies aurait prescrit de l'arrêter à son arrivée à la Guadeloupe, quand, au contraire, il est prouvé que Lacoste était porteur d'une recommandation spéciale de M. le comte de Chabrol.

## RÉSUMÉ

De la plaidoierie de M. Portier, avocat de M. Lacoste.

L'affaire est maintenant connue ; on poursuit les acteurs d'une rixe ; l'agresseur est le seul coupable ; ce ne peut être Sylvestre.

Un homme de couleur, à moins d'être un insensé, un aveugle ennemi de soi-même, n'a pu, sous le régime sévère de nos lois, courir en plein jour chez un blanc pour violer son domicile et le frapper au milieu de cent bras accoutumés, obligés de lui obéir au moindre signe, prêts à le venger au premier ordre ; en présence d'autres blancs, dont l'indignation pouvait lui être si fatale.

Pour croire à cet oubli sans exemple, et de ses devoirs et de sa conservation de la part de l'accusé, il faudrait des preuves plus claires que le jour. Où existent-elles ?

Si vous consultez la moralité des prévenus, vous voyez d'un côté un homme violent, habitué aux exécutions les plus cruelles, toujours prêt à abuser des bras qu'il commande pour satisfaire des vengeances barbares, convaincu dans une assemblée de notables, non pas seulement d'avoir flétri de fers un de ses concitoyens et de ses égaux, mais encore d'avoir profité lâchement de l'impuissance où il l'avait mis de se défendre, pour l'*accabler de traitemens atroces* [1]; un débiteur sans délicatesse, qui, après s'être endetté partout, avait su effrayer par des menaces ceux de ses créanciers sur qui sa couleur lui donnait de l'avantage; un tuteur en procès avec ses pupilles qui l'accusent de les avoir dépouillés [2]; un homme que l'opinion a noté en le faisant exclure, comme indigne d'un service où sont appelés tous les citoyens [3]; convaincu enfin d'avoir recelé des déserteurs [4].

De l'autre côté, au contraire, vous voyez un homme respectable dans sa classe; qui s'est toujours fidèlement acquitté de ses obligations, qui n'est impliqué dans aucun procès, ni civil, ni criminel, dont les fréquentations même, lorsqu'il a été libre de les diriger à son choix, ont toujours été honorables, qui s'est élevé plutôt qu'il n'a cherché à descendre; marque certaine d'une ame bien placée, et gage assuré d'une conduite irréprochable.

S'il fut un moment l'objet de l'attention de l'autorité [5], le danger rendait craintif alors et légiti-

(1) Lettre de M. de La Clémandière au procès criminel de Littré.

(2) La cause est en appel.

(3) Chassé publiquement de la compagnie des dragons du Moule.

(4) Jugement du 14 février 1824.

(5) *Voy.* la lettre de M. Jacob au procès, écrite lors des pamphlets distribués dans la colonie. Les habitans du Moule, entre autres M. de La Clémandière, dans leur effroi, allèrent de-

mait le soupçon : il ne permettait pas de l'approfondir. Les bases mêmes qu'on lui donna remontaient à plusieurs années ; et Sylvestre était à dix-huit cents lieues de la colonie, où il ne reparut que trois ans après.

Il y est rentré avec d'honorables passeports ; et l'on ne voit pas que personne ait eu jamais à se plaindre de lui; a-t-il attaqué, injurié, frappé, enchaîné quelqu'un ? Son commerce l'a seul occupé.

Les preuves qu'on voudrait tirer de la moralité des prévenus sont donc, comme les probabilités, plus propres à absoudre Sylvestre qu'à le condamner.

Où trouverez-vous maintenant des moyens de condamnation? dans les témoins? Plût à Dieu qu'il en existât dans la cause !

Mais vous ne donnerez sûrement pas ce nom à ces deux complices du sieur Littré dans ses sanglantes exécutions envers ma partie, aux deux auteurs d'un délit plus grave, celui de détention arbitraire.

Abstraction faite même de la part qu'ils ont prise dans l'action du 5 mai, ils seraient encore indignes de la confiance de la justice.

Tous deux étaient les commensaux du sieur Littré, et n'ont cessé depuis de manger avec lui et à ses frais.

mander des mesures de rigueur contre les gens de couleur, et en signalèrent un grand nombre. Sylvestre était en France depuis deux ans.

Le sieur Sérel y était même avec une fille, la nommée Estelle. Il est de plus banqueroutier [1]; et l'on vient dernièrement encore de vendre ses meubles judiciairement.

Le sieur Rosier [2] est un inconnu dont on ne connaît ni l'origine, ni les moyens d'existence, par cela même suspect aux yeux de loi [3].

Leur déposition implique contradiction, varie, renferme des choses invraisemblables, impossibles.

Le sieur Littré poussait Sylvestre; et c'est par derrière qu'ils prétendent qu'au même instant celui-ci l'a frappé!

Le sieur Littré ne s'est servi que d'un bâton de bois blanc; et il convient qu'il a employé un manche à balai [4].

Le sieur Rosier a tout entendu, tout vu, et il était dans une chambre; et cette chambre, par la

(1) Ce mot m'a valu un duel assez ridicule, où il n'y a pas eu de sang versé.

(2) Il se dit tonnelier à la Pointe-à-Pître. On ne l'y a jamais vu travailler, et il n'y a point de domicile. Lorsqu'il a fallu l'assigner, la copie a été remise parlant à M. Sérel (sans doute chez ce dernier) qui a déclaré que Rosier était au Moule, (sans doute chez Littré.)

(3) On l'a vu publiquement conduire dans les rues du Moule les cabrouets du sieur Littré.

Il est donc son domestique, il est au moins son ami.

(4) Il l'a dit aussi au sieur Bérard; et il ne le nie pas à la confrontation.

disposition des lieux, ne pouvait être que fort éloignée.

Pour écarter le soupçon qu'ils ont inhumainement traîné Sylvestre dans une chambre éloignée, ils ont dit que cette chambre attenait à la maison principale; et elle dépend d'un corps de logis séparé.

Ils disent, pour échapper à l'accusation, que le lieu où ils ont enfermé Sylvestre n'était point fermé à clef; et deux témoins irréprochables ont déposé le contraire : l'un d'eux [1] fait connaître même qu'il a eu de la peine à obtenir qu'on ouvrît la porte, et qu'on mît un terme à cet attentat à la liberté.

Ils prétendent avoir donné un cheval et un domestique au blessé pour retourner chez-lui; et il est prouvé que c'est le sieur de Bérard qui offrit sa monture et le sieur de Richebois qui donna la sienne avec son domestique.

Ils soutiennent encore que Sylvestre ne resta qu'un quart d'heure enfermé; et il est démontré

(1) M. Bérard. Il n'est venu que sur une lettre que lui a écrite M. de Richebois, parce que ce dernier ne pouvait obtenir la mise en liberté de Sylvéstre, pas même qu'on lui donnât un verre d'eau. M. de Bérard fut obligé, pour convaincre Littré par son propre intérêt, d'envoyer chercher sur son habitation un code et Merlin. Ce n'est qu'alors qu'on donna de l'eau à Sylvestre, et qu'un moment après on le relâchât.

M. de Bérard m'a dit, depuis le jugement, que Sérel et Rosier lui avaient confessé, ainsi qu'à M. Richebois, qu'ils avaient assommé Sylvestre. Pourquoi ne l'ont-ils pas déposé?

C'est même parce qu'ayant été acteurs que M. Bérard leur a

que sa détention n'a pu durer moins de deux heures [1].

Quelle foi peut-on accorder à des dépositions si pleines de mensonges?

Tous les faits que d'autres témoins mettent à même de contrôler, étant reconnus faux, la justice et la raison obligent donc de rejeter les autres au moins comme suspects.

Remarquez au contraire que tout ce que les véritables témoins, MM. Bérard et de Richebois, racontent pour l'avoir vu, dépose de la sincérité de Sylvestre : car les points sur lesquels ils se rencontrent, se concilient parfaitement; et rien de ce que portent les interrogatoires n'est contredit par les dépositions.

Si donc l'un des accusés est convaincu de mensonge, et que l'autre soit toujours trouvé sincère, il ne peut exister de doute sur la préférence que mé-

persuadé qu'ils ne pouvaient être témoins, puisqu'il est parvenu à faire relâcher Sylvestre.

(1) Sylvestre est arrivé à 11 heures et demie sur l'habitation; selon Sérel, à midi. Donnons une demi-heure à la conversation; c'est à midi ou midi et demi que Sylvestre a été enfermé.

Or, c'est à deux heures que M. Bérard est appelé; il faut une demi-heure pour les préparatifs et le voyage; il faut près d'une heure pour envoyer chercher les livres et attendre leur retour; il faut encore quelque temps pour chercher, lire, raisonner et persuader : il ne pouvait donc être moins de quatre heures lorsque la porte fut ouverte à Sylvestre.

rite la déclaration de celui-ci; et si sa moralité, la vraisemblance et les présomptions l'appuient, qui pourrait se défendre de la regarder comme la vérité même ?

Le sieur Littré est donc l'agresseur. Dès lors Sylvestre est innocent : car dans une rixe, lorsque les voies de fait sont réciproques, c'est le provocateur qu'il faut punir.

En vain l'on invoquerait la distinction des rangs; elle ne se trouve pas blessée : gardons-nous d'une grave erreur. Pour l'affranchi qui frappe le blanc, non sans doute il n'est pas de peine trop sévère : car il commet un parricide [1]; mais lorsqu'excédé de coups, sa raison l'abandonne, et qu'obéissant au plus naturel des mouvemens, au plus aveugle des instincts, au soin irrésistible de sa conservation, il repousse une main ennemie et meurtrière, ne trouverait-il aucune pitié dans des cœurs généreux? serait-il sans excuse devant des juges équitables?

Dans une rixe, lorsque le supérieur frappe le premier, ce n'est pas l'inférieur qui sort des bornes, c'est le supérieur qui se dégrade.

Le soldat coupable de violence envers son chef, est puni de mort. Mais si le chef l'a provoqué par des outrages, on le dégrade; et le soldat est absous.

Cependant deux gendarmes ont rapporté que Syl-

(1) Quelle paternité que celle du colon envers son esclave!
(BISSETTE.)

vestre leur avait déclaré qu'il avait donné le premier coup.

Nous avons prouvé que ce rapport renfermait plusieurs inexactitudes [1].

Et au même moment Sylvestre écrivait le contraire au commandant du quartier. Il l'avait déjà déclaré à deux autres témoins dignes de foi, MM. Bérard et de Richebois.

La lettre de Sylvestre est son ouvrage, la seule et véritable expression de sa pensée. Le rapport des gendarmes lui est étranger. C'est une pièce rédigée hors de sa présence et sans qu'il ait pu élever contre elle aucune réclamation.

Elle n'a été ni lue à l'accusé, ni signée de lui.

Un interrogatoire entaché de ces vices serait nul. La dénonciation d'agens inférieurs peut-elle avoir plus de force qu'un acte dressé devant des magistrats?

Quant à l'accusation d'avoir tenu des propos subversifs de l'ordre colonial et capables de soulever une partie de la population contre l'autre, où en irait-on chercher les preuves et les bases ?

(1) 1o Ils disent que lorsqu'ils sont arrivés (à 4 h. et demie), Sylvestre leur a déclaré que le médecin lui avait défendu de parler, et à ce moment il n'avait vu aucun médecin.

2o Ils font dire à Sylvestre l'heure de son arrivée à 5 heures et demie, et ils déposent que c'est à 4 heures et demie qu'ils lui parlent.

3o Ils lui font donner un coup de poing, et, selon les témoins, c'est un coup de badine qu'il aurait frappé.

Est-il vraisemblable que c'est chez celui qu'on veut renverser, que l'on conspire? Et est-il sage de prendre pour confident son ennemi?

D'ailleurs, vous manquez de témoins : car assurément vous ne donnerez pas ce caractère à des complices.

Supposons cependant qu'on puisse donner au mensonge tous les traits de la vérité; que des discours incohérens, racontés de tant de diverses manières, aient pu cependant sortir de la bouche de l'accusé : en quoi sont-ils subversifs de l'ordre? Comment pouvaient-ils soulever une partie de la population contre l'autre?

Annoncer un changement dans le prix des denrées, s'en réjouir, si vous voulez, ce n'est pas porter atteinte à l'ordre établi.

On ne le trouble pas davantage, en annonçant un changement dans l'organisation sociale. On énonce une opinion : on fait de la politique. Eh! que deviendrait la société des hommes, si dans leur intimité, dans une réunion de trois personnes, l'une ne pouvait dire sa pensée sans se faire assommer des deux autres?

On cherche à soulever la population lorsqu'en public, ou dans des attroupemens, on excite la multitude à briser le frein des lois.

Mais comment soulever la population, là où il n'y a que trois hommes?

Comment soulever une classe contre l'autre, lorsqu'on se trouve seul contre celle qu'on veut anéantir ?

Reste l'inculpation des mauvais traitemens des maîtres contre les esclaves.

Mais ce serait là une calomnie, et non des propos subversifs et séditieux.

Et d'abord, Sylvestre a dix-huit esclaves; il se serait donc calomnié lui-même?

Et, en second lieu, il n'y a de calomnie que lorsqu'il y a publicité.

Quel tort pouvaient faire à la colonie les propos de Sylvestre tenus devant deux colons au fond d'une campagne?

Ainsi tombe contre lui l'édifice de cette double accusation.

Mais est-elle aussi vaine celle qu'il va porter à son tour ? Il a été assassiné par trois hommes : il a subi une détention arbitraire.

Trois certificats de médecins, ses vêtemens ensanglantés déposent de ses blessures : c'est à coups de bâton qu'ils l'ont assommé.

Deux témoins ne vous permettent pas de douter qu'on l'a retenu en charte privée.

Vengez donc à la fois l'humanité, la liberté, les lois. Un homme semble avoir formé le projet de lasser votre justice; il dispute des biens à ses pupilles, des soldats à nos armées, des citoyens à la liberté. Il voudrait encore détourner sur un innocent le glaive des lois qui le menace. Mais c'est en vain qu'il s'environne de l'intérêt commun, qu'il appelle à lui sa classe. Ne craignez pas de la blesser, elle le désavoue. Lui seul, si j'ai bien entendu la voix de la colonie, lui seul pouvait lui imprimer cette honte et compromettre ses droits. Voyez, en effet, si dans la classe de l'accusé, personne a jamais refusé à la nôtre le respect qu'il lui doit. Vous n'hésiterez donc pas à vous montrer équitables. La faiblesse seule est susceptible; la force est toujours juste. Les liens que relâchent la défiance et la crainte, c'est la justice qui les resserre. Votre jugement va publier ces grandes maximes. »

### Jugement du tribunal de la Pointe-à-Pître,

(22 juillet 1828.)

« Considérant que la complicité de Sérel et Rosier n'est établie « par la déposition d'aucun témoin, et qu'elle n'a d'autre base « que la déclaration du nommé Sylvestre Lacoste [1],

« Rejette le reproche et déclare qu'il n'y a lieu à s'occuper du « nouveau reproche fondé sur ce que lesdits témoins étaient les « commensaux du sieur Littré, parce qu'il n'a pas été proposé « lors de la confrontation, et qu'il n'est pas justifié par écrit [2];

(1) Lacoste avait reproché Sérel et Rosier comme témoins, vu qu'ils étaient acteurs et complices de Littré; qu'ils étaient ses commensaux, et qu'ils ont continué de l'être après l'événement.

Si le débat oral en matière criminelle avait lieu dans les colonies, Lacoste eût fait établir, par l'interpellation de M. Bérard, que Sérel et Rosier lui avaient avoué avoir assommé Lacoste de concert avec Littré. Au reste, les dépositions de MM. Bérard et de Richebois, et la multiplicité des blessures de Lacoste, comparativement à celles de Littré, le rendent plus que vraisemblable; Rosier a été mordu, il a donc pris part à la lutte.

(2) Relativement à Rosier, sa déposition fait foi qu'il était en convalescence chez Littré. Lacoste a de plus demandé à prouver qu'il était son cabrou-

« Et procédant au fond, en ce qui touche l'accusé Sylvestre, « considérant que pour que des discours aient un caractère sé« ditieux, il faut qu'ils soient tenus dans un lieu public et parmi « un rassemblement; que les propos tenus par Sylvestre l'ont « été dans un lieu retiré et dans l'abandon d'une conversation, « et que, dès lors, ils n'ont pas eu pour objet de troubler l'or« dre public et de porter atteinte au système colonial; considé« rant, néanmoins, que Sylvestre a commis un acte répréhen« sible et dangereux, en tenant chez un habitant des discours « qui pouvaient être entendus par ses esclaves domestiques, et « étaient de nature à faire sur leur esprit des impressions fu« nestes [1];

« Considérant qu'il résulte de l'information que c'est Sylvestre « Lacoste qui a frappé le premier le sieur Littré; que cette voie « de fait est un délit très grave dans le système colonial, où « l'esclave ne reçoit le bienfait de la liberté que sous la condi« tion expresse de ne jamais oublier le respect dû à la classe

tier, son homme à gages. Il résulte des renseignemens qui ont été pris sur les lieux, qu'en effet il n'a pas de domicile à la Pointe-à-Pître, où il est dit exercer la profession de tonnelier. La copie de son assignation, pour témoigner, a été remise, à la Pointe-à-Pître, au sieur Sérel, qui a déclaré que Rosier était au Moule, apparemment chez M. Littré.

(1) Il y a contradiction évidente entre ce deuxième motif du jugement et le premier, en fait et en droit : en fait, puisqu'il est constant qu'il n'y avait d'autres témoins de la conversation que Sérel ou tout au plus Rosier, et qu'aucun esclave ne peut venir dans l'appartement, s'il n'est appelé par son maître.

En droit, si des propos, quels qu'ils soient, ne sont coupables qu'autant qu'ils sont proférés au dehors, ou dans un rassemblement, quelle loi a permis de les déclarer répréhensibles et de les punir, lorsqu'ils ont été tenus en particulier et dans l'abandon d'une conversation?

Une telle loi, si elle existait, serait le renversement de la société humaine; car, selon l'expression de l'Écriture, Dieu a livré le monde à la controverse,

« *Tradidit mundum disputationi eorum.* »

Le tribunal de la Pointe-à-Pître n'a cité aucune loi de ce genre qu'il fût de son devoir d'appliquer.

Il faut de plus ne pas perdre de vue qu'il n'y a pas de témoins.

« des blancs [1]; que son caractère de gravité augmente par la « circonstance que le sieur Littré a été frappé dans son propre « domicile [2];

« Par ces motifs, le tribunal déclare Sylvestre Lacoste at- « teint et convaincu : 1° d'avoir, le 5 mai dernier, tenu dans le « domicile du sieur Littré des propos d'une nature à faire des « impressions dangereuses sur l'esprit des esclaves qui pou-

(1) Les tribunaux des colonies ne cessent d'écrire dans leurs jugemens cette insigne fausseté, que les hommes de couleur sont assujétis au respect envers la classe des blancs, parce que telle aurait été la condition de leur affranchissement; et, dans tous les procès criminels, ils en concluent l'inégalité dans les peines et dans la culpabilité, toutes les fois que le débat a eu lieu entre un blanc et un homme de sang mêlé. Or, il suffit d'ouvrir le Code noir (l'édit de 1685), pour se convaincre que l'affranchi seul doit respect à celui qui, après Dieu, lui a conféré le bienfait de la liberté; et ce respect est limité par la loi à la personne de l'affranchi, au maître qui l'a affranchi, à sa veuve et à ses enfans.

Il suit de là que les descendans des affranchis ne doivent rien aux descendans ou aux parens de celui qui a donné l'affranchissement. Il s'ensuit, à plus forte raison, que les affranchis ne doivent rien à la classe des blancs en général.

Enfin, comme il est de toute certitude qu'un grand nombre d'hommes de couleur sont issus libres de femmes de sang mêlé qui étaient libres elles-mêmes, il y a de l'absurdité, et c'est une prétention que la classe des hommes de couleur libres ne souffrira jamais, à avancer dans un jugement, qu'une classe doit du respect à l'autre. Les hommes de couleur ne doivent de respect qu'aux magistrats, et s'ils sont insultés par un blanc, ils sont en droit de se défendre contre lui.

Cette prétention devient inique quand on en déduit des conséquences semblables à celle que l'on retrouve dans le jugement du tribunal de la Pointe-à-Pître.

(2) Si le tribunal avait entendu d'autres témoignages que ceux que nous connaissons, on pourrait douter s'il ne serait pas résulté de ces témoignages que Lacoste n'aurait pas porté le premier coup : mais Sérel et Rosier, complices de Littré, en ont seuls déposé. Les gendarmes n'étaient pas témoins oculaires, et l'aveu qu'ils prêtent à Lacoste a été démenti, et se trouve suffisamment réfuté.

Même dans le système où Lacoste aurait frappé le premier, il n'aurait fait que prévenir Littré, qui avait la main levée pour le frapper; il était en état de légitime défense.

« vaient les écouter et devenir par suite l'occasion d'un grand « désordre; 2° d'avoir frappé le sieur Littré dans son domicile, « avec une petite canne qu'il tenait à la main.

« Déclare également le sieur Littré atteint et convaincu d'a- « voir exercé sur la personne du nommé Sylvestre Lacoste, « des voies de fait qui, *justes dans le principe*, ont depuis « excédé les bornes d'une légitime défense.

« Pour réparation de quoi, condamne Sylvestre Lacoste à « *trois années d'emprisonnement, lui enjoint, sous telles et plus* « *grièves peines qu'il appartiendra, d'être plus circonspect et* « *modéré dans ses discours relatifs au système colonial, et de* « *se maintenir dans le respect que les lois locales imposent* « *aux gens de couleur envers les blancs, comme condition de* « *leur affranchissement;*

« Condamne le sieur Littré à *trois mois* de prison,

« Condamne Sylvestre aux trois quarts des frais du procès, « l'autre quart supportable par le sieur Littré. »

Sur l'appel est intervenu l'arrêt suivant :

## ARRÊT

De la Cour royale de la Guadeloupe, du 6 août 1828.

« Vu par la Cour royale la procédure criminelle instruite et « poursuivie au tribunal de la Pointe-à-Pître, à la requête du « ministère public agissant d'office, demandeur et accusateur, « d'une part;

« Contre 1° le sieur Littré, habitant propriétaire demeurant « au quartier du Moule, accusé d'avoir exercé des violences sur « la personne du *nommé* Sylvestre Lacoste, et de l'avoir tenu « en charte privée;

« 2° Contre ledit Sylvestre Lacoste, commerçant, demeu- « rant au bourg du Moule, accusé 1° de violence sur la per- « sonne dudit Littré; 2° d'avoir tenu des propos subversifs de « l'ordre colonial, et tendant à soulever une partie de la popu- « lation contre l'autre, défendeur, d'autre part.

« Vu toutes les pièces de la procédure et notamment le juge-
« ment rendu le 20 juillet 1828;

« Ouï M. Dulyon de Rochefort, membre de la Cour, en son
« rapport public; les accusés en leur interrogatoire à la barre
« de la Cour; M. André Chabert de la Charrière, procureur
« général par intérim en ses conclusions publiques tendantes
« à la confirmation du jugement dont est appel; Me Bossant,
« avocat, avoué, défenseur officieux de Sylvestre Lacoste;
« Me Foiguet, avoué, défenseur officieux du sieur Littré, en leurs
« moyens de défense;

« Statuant sur la question de savoir si M. Dano, substitut du
« tribunal de la Pointe-à-Pître, a pu concourir en qualité de
« juge, au jugement qui a statué définitivement sur l'accusa-
« tion;

« Considérant que l'art. 4 du titre III de l'arrêté concernant
« l'organisation judiciaire de la colonie, en date du 14 frimaire
« an XI, porte : « Les substituts des tribunaux remplaceront,
« au besoin, pour l'expédition des affaires, le juge et le com-
« missaire du Gouvernement indifféremment; » qu'à l'époque
« où a été rendu ledit arrêté, les fonctionnaires du ministère
« public étaient désignés sous le nom de commissaires du Gou-
« vernement;

« Considérant que la commission délivrée par son Exc. à
« M. Dano, le nomme substitut du tribunal, et que, n'ayant pas
« rempli dans la cause les fonctions du ministère public, il a
« pu dès lors concourir comme juge au jugement définitif;

« En ce qui touche tous les reproches proposés par l'accusé
« Sylvestre;

« Adoptant les motifs des premiers juges;

« En ce qui touche les chefs d'accusation relatifs aux bles-
« sures respectivement faites par les accusés l'un à l'autre.

« Considérant qu'il est prouvé au procès, tant par le procès-
« verbal de la gendarmerie que par les dépositions des gen-
« darmes signataires du procès-verbal, et celles des sieurs Sé-
« rel et Rosier [1], présens à la rixe, que le nommé Sylvestre a

(1) Les complices de Littré.

« le premier frappé à la tête le sieur Littré, d'un bambou, avec « assez de violence pour lui ouvrir une veine frontale ; que si, « pour repousser cette agression, ledit sieur Littré s'est armé « d'un bâton de bois léger qui s'est trouvé sous sa main, et en a « frappé à son tour le nommé Sylvestre, le sieur Littré se trou- « vait évidemment dans le cas de légitime défense ; qu'en effet « il avait été assailli dans son domicile, circonstance qui, *abs-* « *traction faite de la qualité des parties*, suffit pour le rendre « complétement excusable, lorsqu'il est d'ailleurs constaté par « le procès-verbal dressé par le sieur Vanauld, chirurgien du « roi et aux rapports, que les coups portés au nommé Sylvestre « n'ont occasionné que des blessures légères [1] qui étaient au « bout de quinze jours cicatrisées ou sur le point de l'être ;

« Par ces motifs, la Cour déclare que M. Dano a pu con- « courir comme juge au jugement définitif sans l'entacher de « nullité [2] ;

« Met l'appellation au néant, ainsi que le jugement dont est « appel quant au chef qui déclare le sieur Littré atteint et con- « vaincu d'avoir exercé sur la personne du nommé Sylvestre, « des voies de fait qui, justes dans le principe, auraient depuis « excédé les bornes d'une légitime défense, et le condamne à « trois mois de prison et à une portion des frais.

(1) Dans l'affaire du sieur Auguste dit Coco, jugée par arrêt de la même Cour, le 7 avril 1827, et cassé le 22 mai 1828, par la Cour suprême, on avait déclaré aussi que ses blessures étaient légères, et il est mort avant ce dernier arrêt.

(2) Cette nullité a été accueillie par la Cour de cassation, au rapport de M. Ollivier, la première fois, par arrêt du 30 septembre 1826, dans l'affaire de Bissette, Fabien et Volny, et la deuxième fois, par arrêt du 22 mai 1828, dans l'affaire Auguste dit Coco, au rapport de M. Mangin. (*Voy.* cet arrêt, page 189.)

L'arrêté colonial du 14 frimaire an XI porte, à la vérité, « que les « substituts remplaceront au besoin, pour l'expédition des affaires, chacun « dans l'ordre indiqué dans sa commission, le JUGE et le commissaire du « Gouvernement indifféremment ; » mais, par les arrêts précités, la Cour de cassation a jugé que cette disposition n'était pas applicable aux jugemens en matière criminelle ; et elle l'a jugé à l'égard d'un jugement émané du même tribunal, dans des circonstances identiques

« Emendant, décharge ledit sieur Littré de l'accusation « portée contre lui;

« Ordonne que le surplus du jugement sortira son plein et « entier effet;

« Condamne le nommé Sylvestre à tous les dépens des causes « principale et d'appel.

« Fait et jugé et prononcé publiquement à l'audience crimi- « nelle de la Cour royale, le mercredi 6 août 1828, présens « MM. Desmarais, président en fonctions; Chabert de la Char- « rière, Dulyon de Rochefort, Bonnet et Matenthiel, mem- « bres de la Cour; Me Ledentu, avocat avoué, et Joubert, avoué, « appelés pour compléter la Cour, attendu l'empêchement lé- « gitime de M. le conseiller titulaire Hurel; M. Cousin, gref- « fier en chef, et M. Mercier, commis greffier. »

Sûr de faire annuler cette inique condamnation, Lacoste a déclaré son pourvoi au greffe, le 8 août. Il s'est de suite adressé au gouverneur pour obtenir des passeports pour France, afin de faire juger ce pourvoi; mais il fut renvoyé à se pourvoir à fin de mise en liberté sous caution, et il l'obtint de la Cour par arrêt du 21 octobre 1828, moyennant un cautionnement de 6,000 fr. qu'il a déposé.

Arrivé en France, il s'adresse à un avocat à la Cour de cassation pour régulariser son pourvoi et pour déposer les pièces; mais il apprend qu'il a été statué sur son pourvoi dès le 11 décembre. Il a lu cet arrêt: il est conçu dans ces termes laconiques:

Arrêt de la Cour de cassation.

« Ouï M. Mangin, conseiller, en son rapport, et

« Fréteau de Pény, avocat-général en ses conclu-
« sions;

« Attendu la régularité de la procédure et la juste « application de la loi pénale, la Cour rejette le « pourvoi[1]. »

---

## OBSERVATIONS.

Le réglement de 1738 donne un délai d'un an aux habitans des colonies pour faire prononcer sur les pourvois qu'ils forment devant la Cour de cassation, et l'arrêt du 30 septembre 1826 le constate authentiquement.

Il est intervenu, le 4 juillet 1827, une ordonnance royale qui a obligé les parties en matière criminelle à faire leur déclaration de pourvoi dans les

(1) Si M. Mangin, rapporteur, avait rendu compte à la Cour du moyen infaillible résultant de la présence du substitut Dano, la Cour y eût statué, et elle ne l'eût pas plus rejeté alors que lors de l'arrêt du 22 mai 1828, puisque l'espèce est identique, qu'il s'agit de la même colonie et du même tribunal.

Si M. Mangin avait lu à la Cour l'article 59 du Code noir, la Cour aurait vu qu'on ne pouvait maintenir la disposition de l'arrêt qui enjoint aux hommes de couleur libres d'avoir du respect pour la classe des blancs.

Si M. Mangin avait recherché si la loi pénale avait été bien appliquée, il eût été fort embarrassé; car il n'en existe pas. Cependant, à l'égard du sieur Littré, la Cour de la Guadeloupe avait déclaré, par un précédent arrêt, que des lois promulguées ne pouvaient être appliquées par elle.

trois jours, mais qui ne les a pas privées du bénéfice d'un an pour déposer leurs moyens, consacré par la loi alors existante.

Dans la métropole, ce délai pour déposer ses moyens est de dix jours, pendant lesquels la Cour de cassation ne peut juger (art. 422 du Code d'instruction criminelle); mais le Code criminel n'a pas été publié aux colonies. Un délai plus long eût certainement été accordé si on y eût pensé.

Le sieur Lacoste se trouve donc victime d'une lacune dans la législation.

Dans ces circonstances il ne lui reste de recours qu'à la justice et à la clémence du roi.

A sa justice, puisque l'arrêt porte avec lui les preuves de son irrégularité, et que la procédure démontre l'iniquité de la condamnation.

Par le réglement de 1738, et par l'ordonnance de 1670, le roi a droit de révision à l'égard des arrêts des colonies.

---

# DISCOURS

Prononcé dans la séance d'installation de la Cour royale de l'île Bourbon, le 26 juin 1828, par M. Girard, procureur général du roi.

---

MESSIEURS,

« Depuis plusieurs années se préparaient, dans « différentes commissions composées de ministres, « de magistrats, d'administrateurs, dont les noms « commandent le respect, les nouvelles institutions « judiciaires que réclamaient pour les colonies les « oscillations politiques des différens Gouvernemens « pendant la révolution; oscillations qui avaient « altéré dans ces contrées le système primitif de « l'administration de la justice. Le besoin de mettre « en harmonie avec les lois de la métropole celles « qui devaient régir les colonies, demandait aussi « les nouveaux Codes de la France, appropriés ce-« pendant au système colonial dont la stabilité est « si nécessaire.

« Il appartenait au roi de faire éclore ce grand « œuvre, et d'ajouter, comme seul [1] et suprême lé-

(1) *Seul* législateur. Comment concilier cette assertion avec l'art. 73 de la Charte, qui annonce que les colonies seront régies par des lois? (BISSETTE.)

« gislateur des colonies, ce nouveau rayon de « gloire à l'éclat de tous ceux dont brille sa cou« ronne. Le grand monarque son auguste aïeul, qui « ne laissa jamais rien échapper de ce qui pouvait « illustrer son règne, avait aussi jeté ses regards « sur la législation coloniale, et ses conceptions « portaient l'empreinte de cette grandeur qui s'at« tache à tous ses actes. Le temps, la désuétude, le « chaos inséparable de nombreuses lois et de régle« mens locaux, souvent contradictoires, avaient « presque dénaturé le fonds de cette législation ; il « fallait la créer de nouveau ; à l'auguste voix de son « petit-fils, Thémis a déroulé et fait entendre ses « oracles.

« Le respect religieux que mon dévouement au « roi et mes sermens me commandent de faire « exécuter les nouveaux Codes, ne me permettent « pas d'en faire l'éloge : les lois sont pour tous les « magistrats, et surtout pour le ministère public, une « arche sainte sur laquelle ils ne peuvent porterune « main sacrilége, ni élever un regard téméraire ; « ils ne doivent que les lire, les méditer et les faire « exécuter. Au roi [1] seul il appartiendrait, si jamais « l'expérience venait à prouver que quelques articles

(1) Il paraît que c'est une opinion bien arrêtée chez M. le procureur général, que le Roi *seul* est le législateur des colonies, ce qui reviendrait à dire qu'elles ne doivent être régies que par des ordonnances. Tel n'est cependant pas le vœu de la Charte. (BISSETTE.)

« doivent être modifiés, d'ajouter ou de retrancher
« à ces tables de la loi.

« Combien les habitans de l'île Bourbon doivent « être flattés de la marque insigne de satisfaction « qu'ils reçoivent du roi, et du haut degré de con- « sidération où ils sont placés dans son esprit, puis- « qu'il a pensé que c'était dans cette colonie que les « nouvelles institutions judiciaires devaient d'abord « être présentées, pour les offrir ensuite, comme « modèles, à nos autres possessions d'outre-mer.

« *Sa Majesté* a jugé que les heureux effets de « cette nouvelle législation [1] et son mouvement régu-

(1) M. le procureur général se sert du mot *législation*, bien qu'il s'agisse des ordonnances qui viennent d'être promulguées aux colonies; les qualifier ainsi est une nouvelle preuve que M. le procureur général ne suppose même pas que les Chambres puissent jamais être appelées à discuter des lois sur les colonies. Cette persévérance à exprimer de plusieurs manières la même idée est remarquable de la part d'un homme aussi modéré que M. Girard, à qui nous devons personnellement de la reconnaissance. Et quand on songe que jamais M. Hyde de Neuville n'a laissé entrevoir qu'il dût proposer une loi aux Chambres sur cette matière; quand on se rappelle au contraire que pressé par un honorable orateur (M. Dupin aîné, séance de la Chambre des députés, du 24 mai 1828), de dire si les améliorations promises seraient le fruit d'une loi ou d'une ordonnance, le ministre répondit que le Roi *userait de sa prérogative;* quand on songe surtout que ce ministre, si honorable d'ailleurs, a des préjugés tout-à-fait coloniaux, on reste convaincu que le procureur général de l'île Bourbon n'a émis que l'opinion ministérielle, et l'on est douloureusement affecté de voir ajourner indéfiniment des garanties si justement désirées de la part des hommes de couleur. C'est l'espoir d'améliorations

« lier combattraient victorieusement les préventions
« que pourraient avoir les autres colonies contre les
« réformes que le temps a rendues nécessaires.
« Votre marche noble et mesurée, messieurs, la
« sagesse de vos arrêts, le système colonial pré-
« servé de toute atteinte, répondront en effet aussi
« péremptoirement que le philosophe qui, pour ré-
« futer le sophiste qui niait le mouvement, se con-
« tenta de marcher devant lui.

« Les habitans de cette colonie méritaient cette
« confiance par leur fidélité inaltérable et le noble
« exemple qu'ils ont donné de n'avoir jamais appelé
« l'étranger, même pour défendre leur état social :
« exemple qui doit servir de modèle à toutes nos co-
« lonies [1]...

introduites par une loi qui leur fait si long-temps supporter le joug oppressif de la classe privilégiée, et il y aurait peut-être de l'imprudence, nous ne craignons pas de le dire, à leur enlever complètement cette espérance. Il est une autre considération qui devrait porter le ministre à proposer une loi sur ce sujet; c'est l'opposition que les nouvelles ordonnances ont rencontrée de la part des colons. Presque tous les magistrats créoles ont refusé de siéger avec les magistrats européens. Cette opposition se manifestera tant que le ministère n'entrera pas dans les voies de la Charte. Si le Gouvernement proposait une loi pour les colonies, il ne rencontrerait pas d'obstacles quand il s'agirait de son exécution. Les colons, on peut en être assuré, ne résisteraient pas à un acte de la législature. (BISSETTE.)

(1) Allusion aux défections de ceux des colons de la Martinique et de la Guadeloupe, qui ont livré ces colonies à différentes époques aux Anglais. — (*Voyez* la note, pag. 99.)
(BISSETTE.)

Parmi les autres titres des créoles de Bourbon à ce témoignage de confiance, M. le procureur général cite leur douceur envers leurs esclaves, « la bonté « et la justice avec laquelle ils traitent les personnes « de la classe libre, *tout en les maintenant dans « l'état d'infériorité où la loi les a placés.* » [1]

L'orateur touche ensuite à un point délicat. Il s'agit de faire goûter aux colons la disposition qui introduit dans leurs tribunaux des magistrats européens. « Il ne se rencontrera sans doute jamais d'es- « prits assez susceptibles pour oser critiquer cette « union politique; s'il s'en trouvait cependant, « messieurs, que je leur réponde : Eh quoi! Eu-

(1) Comment une proposition semblable a-t-elle pu échapper à M. Girard? Nous concevrions à la rigueur qu'un créole qui ne serait jamais sorti des colonies conservât les préjugés de couleur qui lui ont été inculqués dès son enfance, et qu'il considérât les réglemens coloniaux comme les lois des colonies; mais qu'un magistrat d'Europe qui écrivait en 1826, en quittant la Martinique, que *contre l'usage*, *sa probité avait passé et repassé le tropique*, vienne parler de *l'état d'infériorité où la loi a placé les hommes de couleur*, il y a là de quoi surprendre. Nous renvoyons M. le procureur-général à l'art. 59 du Code noir : « Oc- « troyons aux affranchis les mêmes droits, priviléges et immu- « nités dont jouissent les personnes nées libres. Voulons que le « mérite d'une liberté acquise produise en eux, tant pour leurs « personnes que pour leurs biens, les mêmes effets que cause à « nos autres sujets le bonheur de la liberté naturelle. »

Y a-t-il là infériorité d'État? Non, cela n'existe que dans les réglemens coloniaux rendus en violation de la Charte coloniale. Voilà pourquoi nous réclamons avec tant d'instance les garanties de la loi. (BISSETTE.)

« ropéens et colons ne combattent-ils pas ensemble
« sous le même drapeau, dans les armées et sur les
« flottes; ne siégent-ils pas l'un à côté de l'autre
« dans les conseils du roi et sur le banc des mi-
« nistres? » Le magistrat rappelle qu'un colon de la Martinique est membre de la Cour royale de Paris, et il ajoute : « Quand nous avions l'honneur de « siéger à la Cour royale d'Orléans, le procureur « général et deux conseillers étaient colons. » Enfin il cite les paroles de M. le ministre de la marine au sujet de la fusion des Français de la colonie et de ceux de la métropole :

« Vous leur ferez connaître que S. M. les con-
« fond dans sa bienveillance, qu'elle espère qu'ils se-
« ront tous animés d'un même zèle pour son ser-
« vice, et que, s'éclairant mutuellement sur la légis-
« lation coloniale, il naîtra de leur rapprochement
« continuel une fusion de principes et un accord
« de doctrines.

« Dans ce jour heureux pour nous, puisque nous
« sommes parvenus par la fermeté de M. le gou-
« verneur et le concours plein de zèle de MM. du
« conseil privé, à ouvrir, avec toute la célérité
« possible, la nouvelle ère judiciaire, notre joie
« n'est cependant pas complète; elle est troublée par
« le regret que nous avons de ne voir au milieu de
« nous qu'un seul membre de l'ancienne Cour,
« M. Bellier de Villentroy. Nous apprécions les
« nobles motifs qui l'on engagé à se réunir, et nous

« le remercions de ce qu'il a bien voulu retarder « son entrée dans des fonctions que lui méritaient « ses anciens services.

« C'est en vain que nous avons offert, au nom du « roi, aux membres de cette ancienne Cour désignés « par le ministère, de se confondre dans nos rangs. « Combien leur franc et loyal concours aurait faci- « lité la marche de la nouvelle administration, par « la haute influence que leur donnait le long et ho- « norable exercice de la distribution de la justice!

« Tout en respectant les motifs de leur refus, « que nous ignorons, leur absence, et ce siége de « conseiller colon qui reste vide, feront éprouver « sans doute à la colonie ainsi qu'à nous un senti- « ment pénible. Combien il nous en coûtera, mes- « sieurs, d'être obligés de prier le ministère de « pourvoir à cette vacance par une mesure quelcon- « que !

« Nous savons apprécier le sacrifice qu'a fait M. « G. Desmolières, de ses intérêts et de ses affec- « tions, en consentant à abandonner le poste de pro- « cureur du roi qui lui avait été confié par Sa Ma- « jesté, pour occuper celui de conseiller; nous sa- « vons aussi apprécier les motifs de dévouement qui « ont engagé M. Maurice des Rieux à venir siéger « au milieu de nous comme conseiller auditeur. « Nous regretterions que ses projets ne lui permis- « sent peut-être pas de siéger long-temps avec nous.

« Si jamais l'occasion se présentait de leur obte-

« nir la récompense de leur dévouement, nous se-
« rions heureux d'y concourir.

« Nous terminerons, messieurs, en ne vous dis-
« simulant pas que dans les circonstances présen-
« tes, nous avons besoin de répondre par une fer-
« meté à toute épreuve à l'inquiétude, suite inévi-
« table de tout changement dans les lois. Vous la
« calmerez par des arrêts sages, précédés par tous ces
« longs travaux et ces méditations profondes qui en
« assurent l'irrévocabilité. Si, à votre début, vous
« pouvez trouver quelques difficultés, vous y ré-
« pondrez par un caractère honorable et l'exemple
« de toutes les vertus publiques et privées. La sa-
« gesse qui a présidé à vos nominations, et vos an-
« técédens dans la magistrature française et colo-
« niale nous le garantissent. Ces obstacles, qui ne
« pourraient provenir que de quelques intérêts in-
« dividuels blessés, espérons qu'ils seront faciles à
« vaincre, et que le temps concourra à les faire dis-
« paraître. »

---

## POLÉMIQUE DES JOURNAUX.

Dans leur numéro du 7 novembre 1828, plusieurs journaux, pour faire sentir aux ministres combien serait stérile la nouvelle organisation judiciaire qu'ils venaient de donner aux colonies, tant que les lois n'auraient pas rétabli l'égalité personnelle, sans distinction de classe et de couleur, avaient soumis à leurs lecteurs, sans les accompagner de réflexions, les faits suivans parvenus de la Martinique.

« Le 27 juillet dernier, dans la commune de « Vauclin, sur l'habitation Gatineau, un jeune « planteur, le sieur Achard, exige de son nègre « Dominique, qui n'avait été employé depuis son « enfance qu'aux travaux de la terre, l'exécution d'ou- « vrages de charpente. L'esclave s'excuse humble- « ment sur son incapacité; mais le maître com- « mande, il faut obéir. L'ouvrage fut mal exécuté; « l'impuissance de l'esclave irrita le colon au point « que, dans un accès de fureur, il arracha de ses mains « un ciseau de charpentier, et lui en fit une large « blessure; il redoubla avec un compas, et lui tra- « versa le flanc. Enfin il l'acheva en lui fendant le

« crâne d'un coup de hache. La justice est saisie de « cette affaire ; le sieur Achard s'est embarqué pour « Saint-Thomas, et sera jugé par contumace. »

« Sur l'habitation de madame Larougery, dans « la commune de Sainte-Anne, on a fait mourir « quatre esclaves attachés à la culture.

« Le nègre Pierre a péri sous le fouet, et son « cadavre, traîné par des bœufs, a été livré aux « flammes. Le nègre Mibeau son frère, et Martial « son neveu, qui étaient détenus au cachot pen- « dant le supplice de leur frère et oncle, dont ils « entendaient les cris plaintifs, tentèrent de se don- « ner la mort de désespoir. On les a fait périr du « même supplice. Le nègre Louis est mort de faim « dans un cachot. On lui a fait trancher la tête et les « jambes pour ne pas perdre les fers qui attachaient « ce malheureux. L'esclave qui exécuta cet ordre en « a reçu une si forte impression, qu'il a été trouvé « mort la nuit suivante. »

« La famille Larougery habite, dit-on, la France ; « ce n'est pas à elle qu'on peut attribuer ces cruautés. »

Dans cette publication, M. de Larougery crut voir une calomnie pour sa famille, bien qu'on ne lui attribuât pas les faits rapportés. Il répondit par la lettre suivante :

*A M. le rédacteur du* Constitutionnel.

Bordeaux, 10 novembre 1828.

Monsieur,

Dans un article de votre journal du 7 du courant, mon nom se trouve mêlé à la narration de prétendues cruautés exercées sur les nègres d'une habitation du quartier Sainte-Anne, à la Martinique. En attendant que je puisse obtenir la réparation légale de cette calomnie, je pense devoir vous transmettre, par l'entremise de mon fils, qui se rend à Paris, les pièces qui contiennent le détail officiel de cet événement, et dont mes relations de famille et d'intérêts me rendent dépositaire.

Il résulte en effet de ces pièces, ainsi que vous pourrez vous en convaincre, qu'à la suite de désordres graves et d'empoisonnemens nombreux de bestiaux, cinq nègres dénoncés par l'atelier furent arrêtés [1]; que trois d'entre eux se suicidèrent au cachot, l'un avec du verre pilé, les deux autres en se cou-

(1) D'après cet exposé, il a existé sur l'habitation Sainte-Anne des désordres graves et des empoisonnemens nombreux de bestiaux, lesquels ont été dénoncés par l'atelier lui-même, et qui ont motivé l'arrestation de cinq esclaves. Comment donc se fait-il que ces cinq esclaves, soupçonnés d'empoisonnement, n'aient eu pour juges que les gérans ou commandeurs de l'habitation? (Bissette.)

pant la gorge avec un couteau échappé à la surveillance des gérans [1], que le quatrième, nommé Louis, tombé malade dans les fers, a été transporté et traité à l'hôpital, où il a reçu jusqu'à sa mort tous les soins que son état exigeait [2], et que par conséquent l'horrible mutilation mentionnée dans l'article calomniateur n'a pu avoir lieu; enfin, qu'un cinquième a été amnistié et rendu à son travail [3].

Les faits sont donc entièrement opposés, pour le fond des choses et pour les circonstances, à ceux dont vous avez été l'interprète; ils rendent au contraire un éclatant témoignage en faveur de madame Larougery, qui, présente dans la colonie et habitant la ville de Saint-Pierre, n'a cessé de recommander

(1) Trois d'entre eux se sont suicidés au cachot. Ceci n'indique-t-il pas que l'on avait peut-être outré les mesures disciplinaires, autorisées par les lois coloniales; mesures au surplus illégales, puisqu'il s'agissait d'empoisonnement? A-t-on dressé procès-verbal de l'état de leur cadavre, pour s'assurer qu'ils n'étaient pas morts par suite des mauvais traitemens exercés sur eux ? (BISSETTE.)

(2) Un quatrième esclave est mort à l'hôpital (il ne s'agit pas ici de l'hôpital public, il s'agit de l'infirmerie de l'habitation), et la victime était dans les fers. C'est probablement ce qui explique ce qu'on a dit, qu'après sa mort on l'avait mutilé pour retirer les fers. (BISSETTE.)

(3) Un cinquième esclave a été *amnistié* et rendu à son travail. L'expression est singulière. Est-ce que les maîtres d'esclaves prétendent avoir le droit de *condamner* ou *d'amnistier* ceux de leurs esclaves qui sont accusés du plus grand des crimes, l'empoisonnement ? (BISSETTE.)

envers les coupables l'humanité, l'indulgence et l'oubli. Sa vieillesse vénérée et son administration douce et paternelle devaient la garantir de pareilles atteintes [1].

Je réclame de votre équité, Monsieur, l'insertion de cette lettre.

J'ai l'honneur, etc. Ch. Larougery.

(1) Que Madame de Larougery, informée des traitemens infligés à ses esclaves, ait sauvé le dernier, c'est ce qu'on était en droit d'attendre de son humanité; mais cette *amnistie* ne prouve-t-elle pas que l'accusation d'empoisonnement est un prétexte imaginé pour persuader à cette dame, qui habite loin de sa propriété, que les quatre autres esclaves étaient *coupables*? *Coupables !* c'est en effet la qualification que M. de Larougery, de Bordeaux, leur donne, quoique la justice n'ait rien prononcé à ce sujet. (Bissette.)

FIN DE LA CINQUIÈME PARTIE.

# TABLE DES MATIÈRES

## DE LA CINQUIÈME PARTIE.

FIN DE LA TABLE DE LA CINQUIÈME PARTIE.

# TABLE

# CHRONOLOGIQUE ET ANALYTIQUE

## DES PIÈCES

### CONTENUES DANS LES CINQ PARTIES DES MÉMOIRES POUR LES HOMMES DE COULEUR,

IMPRIMÉS EN 1824, 1825, 1826, 1827 ET 1828.

---

NOTA. La première partie de ces Mémoires contient deux paginations. La première pagination nombre 164 pages, la seconde 55 pages.

La IIe partie ne contient qu'une pagination de 377 p.

La IIIe partie ne contient aussi qu'une pagination de 206 p.

La IVe partie a cinq paginations; la 1re de 48 p., la 2e de 12 p., la 3e de 11 p., la 4e de 65 p., et la 5e de 119 p.

La Ve partie n'a qu'une pagination de 255 p.

---

(Les chiffres romains indiquent le volume, les chiffres arabes la page, et le dernier chiffre indique la série des différentes paginations des première et quatrième parties.)

1637. Histoire de la colonisation de la Martinique, II, 14.

1658. 12 août. Arrêt du Conseil supérieur de la Martinique, qui condamne le livre de Machiavel, I, 89, série 1.

1674. Reprise des colonies sur les seigneurs par Louis XIV, et formation de la race des mulâtres ou sangs mêlés, II, 19.

1803. 15 mars. Arrêté colonial sur l'état des hommes de couleur libres, II, 71.

— 13 mai. Avis du Conseil d'État, qui casse les arrêtés des chefs de la colonie de la Martinique, III, 189.

1804. 7 janvier. Arrêté des administrateurs de la Martinique, qui révoque les libertés accordées par le général Rochambeau, II, 75.

1805. 7 nov. Promulgation du Code civil à la Martinique, II, 76.

1809. 25 février. La Martinique livrée aux Anglais. de l'état des personnes sous la seconde occupation anglaise, II, 79.

1811. 11 octobre. Note sur l'arrêt de la Martinique, relatif à un rassemblement séditieux d'esclaves et de mulâtres libres, III, 187.

1814. 12 déc. La Martinique remise à la France. Promesses de réforme faites par le Gouvernement royal, et d'une Charte coloniale, II, 84.

1815. 30 nov. Arrêt du Conseil supérieur de la Martinique, qui condamne plusieurs esclaves à être pendus pour avoir tenté de s'évader, et une mère à assister à l'exécution de son fils, III, 190.

1816. 18 déc. Dépêche du ministre de la marine (Dubouchage), sur la justice criminelle dans les colonies, II, 238.

1817. 10 sept. Règlement ministériel sur l'administration de la colonie de la Martinique (Gouvion St-Cyr), I, 103, sér. 1.

1819. 22 nov. Ordonnance royale sur l'organisation judiciaire aux Antilles, II, 91.

1820. Mission de M. de la Mardelle aux Antilles, II, 92.

— 13 avril. Pétition des hommes de couleur au général Donzelot, II, 278.

1821. 26 juin. Opinion de M. Lainé de Villevêque, député du Loiret, sur le budget des colonies, III, 93.

— 5 oct. Affaire Ravend-Desforges, colon de Marie-Galante, V, 190.

— 17 déc. Jugement du tribunal de Marie-Galante dans cette affaire, V, 191.

1822. 19 janv. Arrêt de la Cour de la Guadeloupe dans la même affaire, V, 193.

1822. 9 mai. Projet d'adresse au Roi, par les hommes de couleur de la Martinique, III, 108, 113.

— 15. Pétition des hommes de couleur au ministre de la marine (Clermont-Tonnerre), III, 110.

— Projet d'adresse des hommes de couleur à la Chambre des Députés, IV, 55, série 4.

— 16 nov. Extrait de l'arrêt de la Cour de la Martinique, dans l'affaire des révoltés du Mont-Carbet, III, 193.

— 27. Arrêt de la Cour prévôtale de la Martinique, qui prononce sur une accusation d'empoisonnement, IV, 43, s. 1.

1823. 9 avril. Arrêt de la Cour prévôtale de la Martinique, qui prononce sur des accusations d'empoisonnement contre des esclaves, IV, 45, série 1.

— 15 mai. Adresse des hommes de couleur de la Martinique au général Donzelot, au sujet de la guerre d'Espagne, I, 34, série 1.

— Adresse des mêmes, au même, III, 114.

— 1er juillet. Arrêt de la Cour prévôtale de la Martinique, qui prononce des peines afflictives et perpétuelles pour un véhément soupçon, IV, 45, série 1.

— 20 août. Arrêt de la même Cour, contre Marie-Louise Lambert, IV, 37, série 1.

— 23 octobre. De la situation des gens de couleur libres aux Antilles françaises (brochure), III, 74.

— 24. Jugement définitif du tribunal de Marie-Galante dans l'affaire Ravend-Desforges, et condamnation du nègre Cajou à dix années de travaux forcés, V, 197.

— 24 nov. Arrêt de la Cour de la Guadeloupe, qui décharge Cajou de l'accusation, V, 199.

— 24. Arrêt de la même Cour, qui maintient la décision prise par elle à l'égard de Ravend-Desforges, V, 202.

— 2 décembre. Arrêt de la Cour prévôtale, qui condamne (Raymond) aux galères à perpétuité, comme *véhémentement* soupçonné d'avoir, de complicité, empoisonné des bestiaux, IV, 47, série 1.

— 12. Introduction d'une brochure, cause ou prétexte du procès fait aux hommes de couleur, II, 109.

1824. 15 juin. Lettre du commandant de la marine de Rochefort à M. Mesnard, avocat, I, 116, série 1.

— 26. Mémoire à consulter, sur la question des déportations sans jugement, I, 65, série 1.

— 29. Mémoire au Roi, pour les déportés, I, 3, série 1.

— Lettre de M. Isambert au ministre de la marine et des colonies, I, 81, série 1.

— 30. Lettre de M. Isambert au président du conseil des ministres, I, 82, série 1.

— Lettre du ministre de la marine (Clermont-Tonnerre) à M. Isambert, I, 85, série 1.

— 1er juillet. Lettre du défenseur des déportés au ministre de la marine, I, 84, série 1.

— 2. Pétition à la Chambre des pairs, pour les déportés, contre M. le général Donzelot, I, 117, série 1.

— 2. Requête au Conseil d'État, afin de mise en jugement du sous-préfet de Brest, I, 123, série 1.

— 3. Dénonciation à la Cour royale de Rennes, I, 85, s. 1.

— Lettre de M. Isambert au procureur du Roi de Rochefort, I, 85, série 1.

— Lettre de M. Isambert au ministre de la marine, I, 86, série 1.

— Lettre du secrétaire du conseil de l'ordre des avocats, à M. Isambert, I, 118, série 1.

— 4. Extrait du Constitutionnel, sur la déportation au Sénégal, III, 143.

— 7. Extrait du même, sur la poursuite disciplinaire contre M. Isambert devant le conseil de l'ordre des avocats, III, 145.

— 8. Lettre d'un colon de la Guadeloupe au défenseur des déportés, I, 87, série 1.

— 8. Consultation de M. Billecocq pour les déportés, II, 335.

— 8. Extrait de l'Étoile (journal de la chancellerie), sur la retenue des pièces de la procédure, III, 116.

— 8. Extrait du Constitutionnel, en réponse à l'article de l'Etoile, III, 147.

— 9. Extrait d'une lettre de Bissette à M. Isambert, I, 88, s. 1.

1824. 15 juillet. Arrêt de la Cour de cassation sur l'admission des pourvois contre les arrêts des tribunaux des colonies, I, 107, série 1.

— 17. Discussion de la Chambre des députés, relative aux déportés de la Martinique, I, 1, série 2.

— 19. Extrait du Constitutionnel, sur le discours prononcé à la Chambre par M. Clermont Tonnerre, III, 149.

— 20. Ext. du Courrier français sur le même sujet, III, 155.

— 21. Extrait du Journal des Débats, sur la déportation des hommes de couleur (article attribué à M. de Chateaubriand), I, 126, série 1.

— 23. Réponse des déportés au discours du ministre, I, 9, série 2.

— 25. Extrait du Constitutionnel, en réponse à un article du Drapeau Blanc, publié par le comte de Mauny, conseiller à la Martinique, III, 160.

— 25. Extrait du Courrier français, en réponse au même article, III, 162.

— 27. *Idem* du Courrier français, en réponse à un article de l'ex-procureur général Caqueray-Valmenier, III, 164.

— 27. *Idem* du Constitutionnel, en réponse au même article, III, 167.

— 29. Requête à la Cour de cassation pour les déportés, I, 127, série 1.

— 29. Extrait du Courrier français, sur le refus du ministère de statuer sur l'affaire des déportés, III, 168.

— 30. Lettre du procureur du Roi, de Brest, aux déportés, I, 129, série 1.

— 30. Lettre du défenseur des déportés à M. de Brevannes, conseiller d'Etat, I, 129, série 1.

— 4 août. Lettre de S. A. R. le duc de Glocester au défenseur des déportés, I, 115, série 1.

— 5. Décision du conseil de discipline de l'ordre des avocats, au sujet de M. Isambert, I, 118, série 1.

— 5. Consultation du barreau de Rennes, rédigée par M. Toullier, I, 50, série 2.

1824. 6 août. Lettre du procureur du roi de Rochefort à M. Isambert, I, 131, série 1.

— 12. Consultation du barreau de Rouen, rédigée par M. Daviel, I, 42, série 2.

— 12. Citation en police correctionnelle, à la requête de MM. Eriché, Millet, Laborde et Thébia, donnée au comte de Mauny et à Caqueray-Valmenier, I, 132, série 1.

— 14 août. Mémoire pour les déportés, au comte de Chabrol, ministre de la marine, I, 18, série 2.

— 19. Lettre du défenseur des déportés, au comte Portalis, président de la chambre criminelle de la Cour de cassation, I, 127, série 1.

— 20. Réponse du comte Portalis, I, 128, série 1.

— 26. Consultation du barreau de Bourges, rédigée par M. Devaux, I, 22, série 2.

— 26. Bannissement de France des déportés résidans à Brest, I, 133, série 1.

— 1er sept. Jugement et débats au tribunal correctionnel, sur la plainte en diffamation des déportés, contre Mauny et Valmenier, I, 133, série 1.

— 6. Lettre du duc d'Angoulême au défenseur des déportés, I, 115, série 1.

— 17. Lettre de M. Isambert au ministre de la marine, au sujet des déportés du Sénégal, I, 135, série 1.

1825. 5 janvier. Lettre du secrétaire général du gouvernement d'Haïti à M. Isambert, I, 136, série 1.

— 8. Extrait de la séance de la Chambre des députés, I, 137, série 1.

— Observations du défenseur des déportés, en réponse à quelques opinions émises à la tribune de la Chambre des députés, I, 147, série 1.

— 20. Extrait de la séance de la Chambre des pairs, I, 154, série 1.

— 23. Lettre du secrétaire du Dauphin, au défenseur des déportés, I, 159, série 1.

— 25. Lettre du défenseur à la Dauphine, I, 160, série 1.

— 27. Lettre du duc d'Orléans, I, 160, série 1.

1825. 29 janvier. Plaidoyer à la Cour de cassation pour les déportés, I, 161, série 1.

— 2 février. Lettre du cabinet de Madame, duchesse de Berry, I, 160, série 1.

— 10 mars. Lettre du secrétaire du duc de Glocester, I, 161, série 1.

— 18 avril. Lettre du ministre de la marine à M. Chauveau-Lagarde, sur la non-recevabilité du pourvoi de Bissette, Fabien et Volny, III, 117.

— 26 juin. Adresse des citoyens des Cayes, à M. Isambert, III, 194.

— 29 octobre. Lettre de M. Isambert, au sujet de l'adresse des Cayes, III, 196.

— 27 décembre. Lettre de M. Isambert au garde-des-sceaux (Peyronnet), pour réclamer les pièces du pourvoi de Bissette, Fabien et Volny, et contenant l'annonce d'une plainte à la Chambre des pairs, III, 117.

1826. 3 janvier. Lettre au ministre de la marine, au sujet des lettres d'abolition, III, 118.

— 5. Proclamation du Gouverneur de la Trinidad, qui accorde les droits politiques aux hommes de couleur, III, 119.

— 5. Proclamation du même, III, 120.

— 14. Lettre de MM. Isambert et Chauveau-Lagarde, à M. Portalis, président de la section criminelle de la Cour de cassation, III, 121.

— 17. Lettre du ministre de la justice (Peyronnet), à M. Isambert, sur la requête en pourvoi de Bissette, Fabien et Volny, en réponse à la lettre du 27 décembre, III, 125.

— 27. Arrêt de la Cour de cassation, qui admet ce pourvoi, III, 125.

— 24 fév. Lettre de M. de Chabrol, ministre de la marine, aux défenseurs, au sujet des pièces de la procédure, III, 126.

— 21 mars. Extrait du procès-verbal de la Chambre des pairs, relatif aux déportés du Sénégal, II, 340.

— 6 mai. Rapport fait à la Chambre des pairs par M. le comte Cornet, sur la pétition de Bissette, Fabien et Volny, III, 1.

1826. Discours du ministre de la marine (Chabrol), III, 10.
— Discours du duc de Broglie, III, 11.
— 12. Lettre du ministre de la marine (Chabrol), au sujet de la procédure, III, 127.
— 16. Lettre du baron Mourre, procureur général à la Cour de cassation, au chef de la division des colonies, sur la recevabilité du pourvoi, III, 127.
— 19. Lettre du comte Cornet, rapporteur à la Chambre des pairs, à M. Isambert, III, 28.
— 30. Lettre du ministre de la marine (Chabrol), à M. Isambert, qui accuse réception de la requête du 9 mai 1824, adressée à son prédécesseur (Clermont Tonnerre), III, 128.
— 2 juin. Lettre du directeur de la police (Franchet), à M. Isambert, III, 129.
— 3. Lettre de M. Isambert, en réponse à M. Franchet, III, 129.
— 6. Discours de M. Devaux, à la Chambre des députés, III, 34.
— 6. Discours de M. Benjamin-Constant, III, 51.
— 6. Discours du ministre (Chabrol), III, 59.
— 8. Lettre du directeur de la police (Franchet), à M. Isambert, III, 130.
— 10. Lettre de M. Isambert au ministre de l'intérieur (Corbière), contre les réponses évasives de Franchet, III, 131.
— 13. Mémoire au Roi, pour la maison Valentin, du Sénégal, relatif aux déportés, II, 341.
— 24. Lettre de M. Rivière, avocat à la Martinique, à M. Isambert, contre le pourvoi de Bissette, Fabien et Volny, III, 133.
— 7 juillet. Lettre du ministre de la marine (Chabrol), à M. Isambert, qui accuse réception d'une requête adressée à son prédécesseur (Clermont Tonnerre) le 18 avril 1824, par Bissette, Fabien et Volny, III, 137.
— 28. Arrêt interlocutoire de la Cour de cassation, sur le pourvoi de Bissette, Fabien et Volny, III, 138.

1826. 31 juill. Lettre de M. Ledonné, avocat à Brest, au général Donzelot, ex-gouverneur de la Martinique, II, 332.

— 2 août. Réponse de l'ex-gouverneur à M. Ledonné, II, 333.

— 5. Lettre de M. Ledonné, en réponse au général, II, 334.

— 8. Lettre du ministre de la marine (Chabrol), qui dément les allégations du ministre de la justice (Peyronnet), au sujet de la retenue des requêtes des 10 et 12 mai 1824, III, 140.

— 12. Lettre du ministre de la justice (Peyronnet), à M. Isambert, au sujet des mêmes requêtes, III, 140.

— 20. Lettre de M. Isambert, au ministre de la marine, au sujet de la lettre précédente, de Peyronnet, III, 141.

— 25. Arrêt de la Cour de cassation, sur le pourvoi de Marie-Louise Lambert, IV, 35, série 1.

— 28. Arrêt du Conseil d'État, qui refuse l'allocation des frais de passage des déportés du Sénégal, II, 346.

— septembre. Mémoire justificatif pour les hommes de couleur, II, 1.

— 9 sep. Lettre de M. Dubuc (colon, ancien intendant de la Martinique), à M. Isambert, II, 238.

— 12 sep. Requête au Roi, en son conseil, pour Marie-Louise Lambert, IV, 1, série 1.

— 27. Lettre du ministre (Chabrol), au sujet de la loi du 3 novembre 1789, sur la réforme de la jurisprudence criminelle, III, 141.

— 28. Plaidoyer à la Cour de cassation, pour Bissette, Fabien et Volny, II, 202.

— 30. Analyse des réquisitoires de l'avocat général (Laplagne-Barris), II, 303.

— Arrêt de la Cour de cassation, qui casse l'arrêt de la Cour royale de la Martinique, du 12 janvier 1824, concernant Bissette, Fabien et Volny, II, 309.

— 2 octobre. Extrait du Constitutionnel, sur l'arrêt de la Cour de cassation, III, 172.

— 3. *Id.* du Courrier français, sur ledit arrêt, III, 174.

1826. 14 oct. Pourvoi des sieurs Demil, Bellisle, Frapart et Delphile, II, 316.

— Requête au Conseil d'État, en prise à partie du généra Douzelot, et du procureur général par *interim* (Richard de Lucy), II, 320.

— 26. Requête à la Cour royale de Rennes, sur les lettres de commutation expédiées pour Marie-Louise Lambert, IV, 41, série 1.

— 5 novembre. Extrait de la Gazette des Tribunaux sur cette requête, IV, 40. série 1.

30 décembre. Affaire de Louis-Auguste Coco et Labaume, de la Guadeloupe, V, 184.

1827. 13 janvier. Arrêté du baron Desrotours, qui modifie la législation criminelle à la Guadeloupe, IV, 8, série 2.

— 18 janvier. Extrait du procès-verbal de la Chambre des pairs, sur la pétition de la maison Valentin, du Sénégal, IV, 1, série 3.

— 28. Pétition adressée par la maison Valentin, au ministre de la marine, IV, 7, série 3.

— 8 février. Extrait de la séance de la Chambre des pairs, sur la pétition de Marie-Louise Lambert, IV, 1, série 2.

— 16. Arrêt du Conseil d'État, sur la requête de Marie-Louise Lambert, IV, 5, série 2.

— 13 mars. Lettre du ministre de la marine (Chabrol), à M. Isambert, sur l'abolition de la Cour prévôtale de la Martinique, IV, 7, série 2.

— 28 mars. Arrêt de la Cour de la Guadeloupe dans l'affaire Bissette, Fabien et Volny, IV, 38, série 4.

— 7 avril. Arrêt de la Cour de la Guadeloupe qui condamne Auguste Coco et Labaume à un an de prison, V, 185.

— 4 avril. Requête des déportés du Sénégal au ministre de la marine (Chabrol), IV, 8, série 3.

— Arrêt de la Cour de la Guadeloupe dans l'affaire Coco et Labaume, V.

— 10. Lettre du ministre de la marine Chabrol en réponse à la requête des déportés, IV, 11, série 3.

1827. 18 août. Requête à la Cour de cassation pour Bissette, Fabien et Volny, contre l'arrêt de la Guadeloupe, du 28 mars, IV, 1, série 4.
— 18. Consultation du barreau de Paris, IV, 17, série 4.
— 23. *Id.* de M. Gilbert Boucher, ancien procureur général à Bourbon, IV, 18, série 4.
— 28. *Id.* de M. Hennequin, IV, 21, serie 4.
— 15 oct. *Id.* de M. Paillet, IV, 26, série 4.
— 17 nov. *Id.* de M. Dupin jeune, IV, 49, serie 4.
— *Id.* de M. Thévenin, bâtonnier de l'ordre des avocats, IV, 53, série 4.
— 23. *Id.* de M. Chaix d'Est-Ange, IV, 54, série 4.
— *Id.* de MM. Toullier, Carré, Bernard, Jollivet de Rennes, et du barreau de Brest, IV, 54, série 4.
— 29 déc. Plaidoyer de M. Isambert, pour Bissette, Fabien et Volny, contre l'arrêt de la Cour de la Guadeloupe, IV, 3, série 5.
— Arrêt de la Cour de cassation sur ce pourvoi, IV, 103, série 5.
1828. 4 janv. Arrêt de la Cour de cassation sur le pourvoi de Bellisle, Demil, Frapart et Delphile, V.
— 9. Réclamation de deux colons contre la plaidoierie de M. Isambert pour les hommes de couleur, IV, 112, série 5.
— Réponse de M. Isambert aux deux colons, IV, 115, sér. 5.
— 25. Dénonciation, à la Chambre des députés, par Bissette et Fabien, contre l'ex-garde-des-sceaux (Peyronnet), V, 4.
— 27. Pétition des hommes de couleur de la Martinique aux Chambres, V, 76.
— 15-16 fév. Arrêt de la Cour de cassation, qui rejette le pourvoi de Ravend-Desforges, colon de Marie-Galante, V, 204.
— 13 mars. Procès-verbal de la séance de la Chambre des pairs sur la pétition, V, 85.
— 24 avril. Discussion de la Chambre des députés sur la dénonciation contre Peyronnet, V, 16.

1828. 26 avril. Discours de M. B. Constant, V, 17-31.

— 27. Lettre de Bissette et Fabien, sur le rapport de Laboulaye à ce sujet, V, 38.

— 28. Rectification du procès-verbal de la séance de la Chambre des députés du 26, sur la proposition de M. B. Constant, V, 42.

— Lettre de Bissette et Fabien sur les explications données par M. de Laboulaye, V, 44.

— 5 mai. Affaire de Sylvestre Lacoste et Littré de la Guadeloupe, V, 205.

— 13. Citation en justice à la requête des sieurs Bissette et Fabien, contre l'ex-garde-des-sceaux (Peyronnet), V, 46.

— 22. Arrêt de la Cour de cassation, qui casse l'arrêt de la Guadeloupe dans l'affaire d'Auguste Coco et Labaume, V, 189.

— 24. Discussion de la Chambre des députés, sur la pétition des hommes de couleur, V, 86.

— 24. Discours de M. de Laborde, V, 88.

— 24. *Id.* de M. Eusèbe Salverte, V, 93.

— 28. Lettre de Bissette et Fabien au ministre de la marine (Hyde de Neuville), relative à la commission coloniale, V, 101.

— 3 juin. Lettre des mêmes au même sur la mission de MM. Delape, procureur général à la Martinique, et Cabasse, procureur général à la Guadeloupe, V, 103.

— 14. Acte d'accusation portée devant la Chambre des députés, contre les ministres, par Labbey de Pompières, V, 68.

— 20. Plaidoyer de M. Mérilhou en première instance, dans l'affaire Bissette et Fabien, contre Peyronnet, ex-garde-des-sceaux, V, 56.

— 21. Discussion de la Chambre des députés, relative à la pétition Dufresche, sur le régime des esclaves, V, 105.

— 26. Discours de M. Girard, procureur général à l'île Bourbon, V, 239.

— 27. Jugement du tribunal de première instance, dans l'affaire Bissette et Fabien, contre Peyronnet, V, 65.

1828. 30 juin. Affaire de la dame Marlet, V, 161.

— 1er juill. Jugement du tribunal du Fort-Royal, qui condamne la dame Marlet à vingt années de bannissement, V, 170.

— 16. Arrêt de la Cour de la Martinique qui infirme ce jugement, V, 175.

— 16. Opinion de M. Voyer d'Argenson sur les colonies, V, 108.

— 21. Extrait du rapport de M. Girod de l'Ain sur l'acte d'accusation des ministres, V, 72.

— 22. Plaidoyer de Me Portier, avocat pour Lacoste, V, 220.

— 22. Jugement du tribunal de la Pointe-à-Pître, dans l'affaire Lacoste et Littré, V, 230.

— 23. Discours du ministre (Hyde de Neuville) à la Chambre des députés, relatif aux colonies, V, 111.

— 23. *Id.* de M. Charles Dupin, sur les colonies, V, 115.

— 23. *Id.* de M. Eusèbe Salverte, *idem*, V, 117.

— 24. *Id.* du directeur des colonies (de Saint-Hilaire), V, 120.

— 24. *Id.* du général Sébastiani sur le même sujet, V, 122.

— 29. Adresse des hommes de couleur de la Martinique à M. Eusèbe Salverte, V, 140.

— 29. *Id.* des mêmes à M. B. Constant, V, 145.

— 29. *Id.* des mêmes à M. Dupin aîné, V, 151.

— 29. *Id.* des mêmes à M. Lainé de Villevêque, V, 152.

— 31. Jugement du tribunal de Saint-Pierre, qui condamne la dame Marlet à vingt ans de bannissement, comme les premiers juges du Fort-Royal, V, 176.

— 2 août. Lettre de Bissette, Fabien et Girard au ministre de la marine (Hyde de Neuville), relative à son discours sur le budget, V, 131.

— 6. Arrêt de la Cour de la Guadeloupe dans l'affaire Lacoste et Littré, V, 233.

— 13. Décision du conseil d'Etat sur la requête de Bissette et Fabien contre Peyronnet, V, 67.

— 1er sept. Circulaire du général Desrotours, gouverneur de la Guadeloupe, V, 158.

— 3. Arrêt de la Cour de la Martinique, qui infirme le jugement du tribunal de Saint-Pierre, dans l'affaire de la dame Marlet, et qui réduit la peine à trois ans de bannissement, V, 177.

1828. 23 sept. Lettre de M. Eusèbe Salverte, à Bissette et Fabien, V, 142.

— 23. *Id.* du même, en réponse à l'adresse des hommes de couleur, V, 143.

— 23. *Id.* de M. B. Constant à Bissette, V, 146.

— 3 oct. *Id.* de M. de Laborde, en réponse aux hommes de couleur, V, 1 8.

— 14. *Id.* de M. B. Constant à Bissette, V, 149.

— 14. *Id.* du même, en réponse aux hommes de couleur, V, 149.

— 18. *Id.* de Bissette, Fabien et Girard frères, au ministre de la marine (Hyde de Neuville), relative aux ordonnances des 30 août et 24 septembre 1828, V, 134.

— 21. *Id.* de M. Lainé de Villevêque, en réponse aux hommes de couleur, V, 153.

— 7 nov. Polémique des journaux, relative à un fait de l'habitation Larougery, V, 247.

— 9 nov. Lettre de M. Salverte à Fabien, V, 155.

— 10. *Id.* de Larougery, colon de la Martinique, V, 249.

— 15. *Id.* de M. E. Salverte à Bissette, V, 156.

— 11 déc. Arrêt de la Cour de cassation, qui rejette le pourvoi de Sylvestre Lacoste, V, 236.

FIN DE LA TABLE CHRONOLOGIQUE.

IMPRIMERIE DE E. DUVERGER.
RUE DE VERNEUIL, N° 4.

www.ingramcontent.com/pod-product-compliance
Ingram Content Group UK Ltd.
Pitfield, Milton Keynes, MK11 3LW, UK
UKHW012202240726
13966UKWH00002B/515

9 782013 436373